児童期の学力の発達に関する縦断的研究

宮 本 友 弘 著

風 間 書 房

目　次

第 1 章　序論 …………………………………………………………… 1
　1.1　本研究の意義 ……………………………………………………… 1
　1.2　本研究における学力の定義 ……………………………………… 3
　1.3　本研究で検討する学力の規定要因 ……………………………… 5
　1.4　日本における児童期の学力に関する心理学的研究の概観…… 7
　　1.4.1　学力の発達的変化に関する研究 ……………………………… 8
　　1.4.2　学力の規定要因に関する研究 ………………………………… 12
　1.5　本研究の構成 ……………………………………………………… 22

第 2 章　研究の方法 …………………………………………………… 25
　2.1　研究協力校の概要 ………………………………………………… 25
　2.2　分析の材料 ………………………………………………………… 25
　　2.2.1　学力に関する測定尺度 ………………………………………… 26
　　2.2.2　学力の規定要因に関する測定尺度 …………………………… 26
　2.3　倫理的配慮 ………………………………………………………… 30

第 3 章　児童期における学力の発達的変化の検討 ………………… 31
　3.1　小学校 6 年間の学力の構造 ……………………………………… 31
　　3.1.1　目的 ……………………………………………………………… 31
　　3.1.2　方法 ……………………………………………………………… 32
　　3.1.3　結果 ……………………………………………………………… 34
　　3.1.4　考察 ……………………………………………………………… 37
　3.2　小学校 6 年間の学力変化の分析(1)：平均パターンの分析 …… 40

  3.2.1 目的 …………………………………………………………… 40
  3.2.2 方法 …………………………………………………………… 41
  3.2.3 結果 …………………………………………………………… 41
  3.2.4 考察 …………………………………………………………… 46
 3.3 小学校6年間の学力変化の分析(2)：変化パターンの類型化の試み …… 50
  3.3.1 目的 …………………………………………………………… 50
  3.3.2 方法 …………………………………………………………… 52
  3.3.3 結果 …………………………………………………………… 52
  3.3.4 考察 …………………………………………………………… 80
 3.4 本章のまとめ ……………………………………………………… 82

第4章 児童期の学力変化を規定する諸要因の検討 …………………… 85
 4.1 知能と学力の関連性の分析 ………………………………………… 85
  4.1.1 目的 …………………………………………………………… 85
  4.1.2 方法 …………………………………………………………… 86
  4.1.3 結果 …………………………………………………………… 86
  4.1.4 考察 …………………………………………………………… 98
 4.2 性格と学力の関連性の分析 ………………………………………… 100
  4.2.1 目的 …………………………………………………………… 100
  4.2.2 方法 …………………………………………………………… 101
  4.2.3 結果 …………………………………………………………… 102
  4.2.4 考察 …………………………………………………………… 103
 4.3 動機づけと学力の関連性の分析 …………………………………… 106
  4.3.1 目的 …………………………………………………………… 106
  4.3.2 方法 …………………………………………………………… 106
  4.3.3 結果 …………………………………………………………… 107
  4.3.4 考察 …………………………………………………………… 113

4.4	学習コンピテンスと学力の関連性の分析	114
	4.4.1 目的	114
	4.4.2 方法	115
	4.4.3 結果	115
	4.4.4 考察	118
4.5	学習方略と学力の関連性の分析	119
	4.5.1 目的	119
	4.5.2 方法	120
	4.5.3 結果	120
	4.5.4 考察	123
4.6	親の期待と学力の関連性の分析	124
	4.6.1 目的	124
	4.6.2 方法	125
	4.6.3 結果	125
	4.6.4 考察	132
4.7	本章のまとめ	133

第5章 総合的検討 … 135

5.1	学力を規定する諸要因の相互関連性の分析	135
	5.1.1 目的	135
	5.1.2 方法	136
	5.1.3 結果	137
	5.1.4 考察	142
5.2	学力の変化パターンとの関連	143
	5.2.1 目的	143
	5.2.2 方法	143
	5.2.3 結果	145

  5.2.4 考察 …………………………………………………………… 146
 5.3 本章のまとめ ………………………………………………………… 146

第 6 章 結論 ……………………………………………………………… 149
 6.1 本研究の成果 ………………………………………………………… 149
 6.2 本研究の限界 ………………………………………………………… 153
 6.3 今後の課題 …………………………………………………………… 154

引用文献 ………………………………………………………………………… 157
付記 ……………………………………………………………………………… 165
付録
 付録 1 調査で使用した質問紙 ……………………………………… 168
 付録 2 3.1 における学年要因の単純主効果検定と多重比較の結果 ………… 181
 付録 3 4.1 の各重回帰分析における多重共線性の確認 ……………………… 183
 付録 4 4.2 で使用した小学生用 5 因子性格検査（FFPC）の信頼性 ………… 184
 付録 5 4.3 で使用した自己決定性尺度の信頼性 …………………………… 185
 付録 6 4.4 で使用した学習コンピテンス尺度の信頼性 …………………… 186
 付録 7 4.5 で使用した学習方略尺度の信頼性 ……………………………… 187
 付録 8 5.1 の各重回帰分析における多重共線性の確認 ……………………… 188
 付録 9 5.3 の重回帰分析における多重共線性の確認 ………………………… 191

第1章　序　　論

1.1　本研究の意義

　本研究は，児童期の学力の発達的変化とその規定要因を明らかにすることを目的にしている。方法論的には，ある私立小学校で蓄積された学力に関わる縦断データに対して，主として心理学的観点から定量的なアプローチを試みる。

　ここでいう児童期とは満6歳から満12歳までの小学校6年間を指す。この間，子どもの知的側面において2つの大きな変化が生じる。1つは，認知の発達で，Piaget（1970）によれば，具体的操作期（7，8歳頃〜11，12歳頃）から形式的操作期（11，12歳頃〜）への移行である。小学校中学年までは，論理的思考はできるが，論理操作の対象が具体的な現実に限定されていたのに対し，高学年になると，現実を可能性のうちの1つとしてとらえた上で，潜在的な可能性を考慮し，仮定にもとづいて論理的推論を行えるようになる（藤村，2011）。

　もう一つは，言語の発達で，学校生活，特に，授業場面を通じて，一次的ことばから二次的ことばに移行する（岡本，1985）。岡本（1985）によれば，一次的ことばとは，具体的な事象や事物について，その際の状況的文脈にたよりながら，話しことばによって，親しい人との直接的な会話のかたちで展開する言語活動である。それに対し，二次的ことばとは，ある事象や事物について，現実の場面を離れたところで，ことばの文脈そのものにたよりながら，話しことばと書きことばによって，自分と直接交渉のない未知の不特定多数者や抽象化された聞き手一般に向けて，一方的伝達行為として行われる

言語活動である。低学年で一次的ことばから二次的ことばへの重層的移行がはじまり，中学年で二次的ことばの獲得にいたる（藤村，2011）。

こうした認知と言語の発達的変化は，学力の形成に重要な影響を及ぼす（岡本，1987）。例えば，両者の転換期となる小学校の中学年には，学力の個人差が拡大し，学力の停滞を示す子どもが多く出てくる現象があり，「9歳あるいは10歳の壁」（渡辺，2011）と呼ばれてきた。このように，学力の形成は，児童期においては自生的な発達段階上の課題であり，それを規定する要因を分析することは，古くから，教育心理学においては重要テーマとして位置づけられてきた（城戸，1953）。しかしながら，現在においても，児童期の学力の発達的変化についてのプロセスやメカニズムは十分には解明されておらず，検討の余地がある。

一方，学力の発達的変化を見るには，縦断的調査が推奨されている（日本テスト学会，2010）。縦断データには，一般に，①時点間の平均値の比較，および平均的な変化のパターン（発達軌跡）の推定がより正確にできる，②発達軌跡やその個人差についての考察ができる，③とくに調査・観察研究において，変数間の因果関係を踏み込んで調べることができる，といった長所がある（宇佐美・荘島，2015）。

学校での学習課題は，それ以前の学年の先行学習を仮定している（丹藤，1989）という意味で発達的系列性を内包しているため，縦断的研究は，それぞれの学習課題に必要な先行学習条件を知るために必要な基礎資料を提供するものと期待できる。また，縦断的研究によって，学力の変動パターンが明らかになれば，現在の児童の発達方向が予測でき，具体的な支援法が採用できることになる（都築・相良・宮本・家近・松山・佐藤，2013）。そもそも，学力を規定する要因は複雑なため，1回限りの学力検査の分析だけで結論づけることはできない（松原，1967）。

以上から，学力の発達的変化とその規定要因を縦断的研究によって明らかにすることは教育的にも意義がある。ただし，私立校のデータでは，対象者

が選抜されていて成績が高くなりすぎることなどが，結果解釈の際に留意すべき点としてあげられる（藤岡, 1987）。とはいえ，学力の変化を考察できる追跡データは不足しており（中島, 2012），縦断的研究が多くの時間的・人的・経済的コストを要し，データの欠損が生じやすい点を考えた場合，本研究が利用する縦断データは希少な教育情報といえる。

1.2 本研究における学力の定義

学力の概念については一義的な定義が無いことが，衆目の一致するところである。例えば，東（1988）は『現代教育評価事典』において，学力とは"わが国の教育の分野で自然発生的かつ常識的に使われてきた概念なので，人によってさまざまな用い方をしており，一義的な定義をすることは難しい"（p.82）としている。また，木下（2003）も『新版 現代学校教育大事典』において，"学力の概念については，一義的に定義づけられる教育学的なコンセンサスはいまだ成立していない"（p.374）と述べている。さらに，苅谷・志水（2004）は，"学力は戦後の日本の教育界が生んだ最大のジャーゴン（専門用語）"（p.3）と評している。

田中（2004）によれば，そもそも日本固有の教育用語である学力は，第二次世界大戦後，いわゆる「新教育」による「学力低下」への批判議論を契機に教育学研究の本格的な対象として措定され，以降，常に当面する「学力問題」との緊張関係の中で進展し，学力研究史は学力論争史の様相を帯びることになったという。しかしながら，学力論争は，厳しい批判・反批判のやりとりにもかかわらず，すれ違いに終わってきた（水越, 2000；川口, 2011）。倉元（2011）が指摘する通り，学力の定義論は収拾がつかない。

安彦（1996）は，学力を，①測定学力（一定の計測ないし計測の道具を用いて，測定という操作を経て間接的に得られた能力値としての学力），②形成学力（実際に子どもの中で形成された本当の学力），③理念学力（「学力とはこういうものである

べきだ」「望ましい学力とはこういうものだ」という，1つの主張や価値観を含みこんだ形で表現される学力）の3つに分類した上で，これらを「学力」という用語1つですべて済ましてきたために，学力論争などもすれ違う結果となったと指摘している。

　一方，清水（1978）は，学力の研究方向を次の4つに分類した。

①教育目標としての学力へのアプローチ　現代の社会においては何が重要な学力であり，何が教育されなければならないのかという，歴史的，社会的な観点からの教育観・学力観についての研究，あるいは，教育目標に含まれている機能や概念を明確化し，それを構造化しようとする研究。

②学習指導のための学力へのアプローチ　学力を学習指導法の関数と捉え，どのような指導法が学力にとって最も適切であるかを，それぞれの教科の特性や児童・生徒の発達段階や心身の特性に応じて明らかにしようとする研究。

③学力測定のための学力へのアプローチ　児童・生徒の学力の状態をいかに正確に把握・測定するかという学力評価法についての研究。

④学力を理解するためのアプローチ　学力を学業成績あるいは学力検査得点として規定し，それらを基礎資料にして，統計的手法を加えることによって，学力の形成過程に関係するさまざまな諸要因を明らかにしようとする研究。

　この分類に従えば，前節で述べた通り，本研究は，④に位置づけられる。そして，安彦（1996）の分類に従えば，対象とする学力は測定学力である。以上から，本研究では，特定の学力検査によって測定された学業成績（academic achievement）を「学力」と操作的に定義することとする。また，「学力の発達的変化」とは，そのように測定された学業成績の時間的変化と操作的に定義する。

　なお，本研究で取り上げる教科は，算数と国語の2教科とする。なぜな

ら，算数と国語には学力の変化が反映され易いからである（黒田・香川，1992）。実際，文部科学省が平成19年度から実施している「全国学力・学習状況調査」や，学力格差（学業成績の社会階層間格差）に関する教育社会学の調査（耳塚，2007a，2007bなど）においても，両教科を対象としている。

1.3 本研究で検討する学力の規定要因

　学力を規定する要因は多様である。また，児童の学力を規定する主要因は，学年によっても変化する（Ahammer & Schaie, 1970；豊田，2008）。したがって，すべての要因を漏れなく検討することは困難である。

　しかしながら，学力を規定する要因を整理する枠組みは，多くの研究（藤井，1965；速水・長谷川，1979；神田，1999；石隈，1999など）においてほぼ共通している。まず，個人内要因と環境的要因に大別され，個人内要因は，知的側面（知能など），人格・態度的側面（性格，動機づけなど），行動的側面（学習習慣，学習方略など）に分けられる。環境的要因も，家庭，学校，地域といった側面に分けられる。

　本研究では，以上の分類枠組みに従い，各カテゴリーにおいて，学力の形成に決定的であろうと考えられる代表的な要因に絞って検討する。その際，各要因の概念は，操作的には，それぞれを対象にしたテスト，すなわち，「能力，学力，性格，行動などの個人や集団の特性を測定するための用具」（日本テスト学会，2007）によって測定されたものと定義する。

　個人内要因のうち，知的側面については，伝統的に学力の主要因として検討されてきた知能を取り上げる。なお，くり返しになるが，ここでいう知能とは，学力と同様に，特定の知能検査で測定された結果（偏差値）と操作的に定義する。

　人格・態度的側面については，基本的な心理特性である性格と，教育場面における最大の関心事の1つである（岡田，2010），学習意欲（学習動機づけ）

を取り上げる。

　さらに，動機づけに関連して，コンピテンス（competence）にも着目する。White（1959）によれば，コンピテンスとは，有機体が周囲の環境と効果的に相互作用する能力と定義され，コンピテンスを求めることは人間の基本的欲求の1つであり，内発的動機づけの源泉とされる。Harter（1982）は，コンピテンス概念の精緻化を図り，その一側面として，認知されたコンピテンス（perceived competence）を提起した。とくに，学習に対する認知された有能さは，学習あるいは学業コンピテンス（academic competence）と呼ばれる。これまでの研究から，学習コンピテンスは学業成績の決定要因であるとされてきた（外山，2004）。本研究では，Harter（1982）の定義に従い，学習コンピテンスを「学業に対する自分の有能さの評価」と捉えて取り上げる。また，その測定には，Harter（1982）が開発し，桜井（1992）が翻訳した尺度を使用する。

　行動的側面としては，学習方略（learning strategy）に着目する。学習方略とは，学習の効果を高めることをめざして意図的に行う心的操作あるいは活動のことである（辰野，1997）。学習方略の欠如は，学習困難児の主原因の一つである（北尾，2006）。また，最近では，学習意欲は学習方略を介することによって学業成績を促進することも報告されている（西村・河村・櫻井，2011）。

　環境的要因としては，家庭に着目し，親の期待を取り上げる。親の期待は子どもを取り巻く環境を作り，その環境が子どもの発達に影響するとされる（柏木，1990）。親の期待と子どもの学業成績が相互作用することが縦断的な研究から明らかにされてもいる（Englund, Luckner, Whaley, & Egeland, 2004）。なお，環境的要因のうち，学校については，私立小学校という特殊性のため，また，地域については，研究協力校の児童が比較的広域から通っているため，今回は扱わない。今後の課題としたい。

　以上，本研究では，知能，性格，動機づけ，学習コンピテンス，学習方

略，親の期待の6つの要因について検討する。

1.4　日本における児童期の学力に関する心理学的研究の概観

　学力については，心理学では，主に教育心理学の領域において重要テーマとして位置づけられてきた。例えば，日本教育心理学会の学会誌『教育心理学研究』の創刊号では，城戸（1953）による「学力の問題」という表題の論文が冒頭を飾ってもいる。

　本邦における学力の心理学的研究の動向については，古くは，清水（1978）が，1946年から1976年までの日本心理学会，日本教育心理学会，日本応用心理学会における口頭発表を対象に調べた。その結果，学力に関する発表総数は290件に上ったが，発表件数の年代別推移をみると，1961～1969年をピークに，それ以降，急激に減少した。内容を12カテゴリーに分類してみたところ，学力の発達を含む「学力の構造や学力の要因に関する研究」が22％で最も多くを占めたが，その年代別推移は，全体と同様の傾向であった。また，学力の規定要因としては，「知能との関係」，「環境との関係」についての研究が減少し，「人格との関係」についての研究が増加する傾向にあった。

　藤岡（1986, 1987, 1988）も，1965年から1984年までの主に心理学研究者によって執筆された心理学およびその近接領域の学会誌・学術雑誌，大学の紀要を対象に調べた。その結果，学力に関する論文は198件あり，年代別推移をみると増加する傾向にあった。内容を8カテゴリーに分類したところ，「学力の発達に関する論文」は10件にすぎず，いずれも紀要論文であった。「心理学的諸変数と学力の関係」が37.8％で最も多くを占め，その中では，原因帰属が最も多く，次いで，学習意欲・学習動機，知能・創造的思考と続いた。

　以上のレビュー論文から，1980年代の半ばまでは，学力の発達的変化に関する研究はそれほど多くないこと，また，学力の規定要因として，次第に人

格的・態度的側面が重視されるようになったことがうかがえる。ただし、レビューされた論文の研究対象は必ずしも小学生ではなく、また、発表からすでに30年以上も経過している。

そこで、ここでは、小学生を対象にし、その上で、学力の発達的変化（とくに縦断的研究）と、学力の規定要因として1.3において選定した6つの要因に関する研究に限定して、現在までの主に心理学的観点からの実証的研究を概観する[1]。

なお、教育社会学においては、2000年頃から「学力低下」についての議論を契機に、学力の階層差を生みだす社会経済的要因を特定しようとする実証的研究が増加しつつある（川口、2011；平沢・古田・藤原、2013）。学力の発達的変化の実証的研究という点からは一部、そうした研究も参照するが、社会経済的要因については、本研究では深くは追及しない。

1.4.1　学力の発達的変化に関する研究

児童の学力の発達的変化に関する縦断的研究はそれほど多くないが、近年、教育社会学の分野で大規模な調査が実施されている。以下、年代順にみていく。

在竹（1968）は、北海道の僻地の児童143名と都市の児童114名の、1年から6年までの標準学力検査の成績（国語、算数）を分析した。その結果、僻地、都市ともに、1年と3年の相関は.55～.65、3年と6年の相関は.65～.75であった。偏差値の差の平均をみると、僻地では、国語、算数ともに、1年～3年ではマイナス、3年～6年ではプラスであった。都市では、いずれもプラスであった。このことから、僻地の児童の学力の伸びは高学年において見られることが示唆された。

Nakajima（1969）は、東京の私立大学附属小学校の児童155名の、1年～

---

[1] 引用文献中で記述されている個別の標準学力検査や知能検査等の名称については、正式名称と異なる可能性がある場合でも、原文のままとした。

6年までの6年間にわたる標準学力テストの成績を分析した。その結果，国語の偏差値は55.7～72.8，算数の偏差値は54.8～77.3と比較的高い水準で推移し，両科目ともに，一貫して女子の方が男子よりも高かった（ただし，統計的検定はしていない）。隣接学年間の相関をみると，4年までは，国語では男子.62～.69，女子.47～.59，算数では男子.61～.77，女子.45～.64であるのに対し，4年以降は，国語では男子.74～.77，女子.67～.68，算数では男子.75～.85，女子では.60～.65と強くなり，4年以降成績が安定していることが示唆された。また，1年間の偏差値の変動をみると，10以内が，国語では84.8％，算数では67.5％であり，算数の方が国語よりも大きく変動した。

高橋・津留・富本・芳賀・瀧上（1971）は，国立大学附属小学校の1年生40名，4年生45名の1年後の成績（教師評定，5段階による相対評価）を追跡した。1年間の変動をみると，国語と算数ともに，男子の1年～2年の変動が，女子及び4年～5年の変動よりも大きかった。

水越他（1980）は，岐阜県の市部にある公立小学校の児童113名の，1年～6年までの6年間にわたる国語，社会，算数，理科，音楽，図工，体育の7教科の5段階評定の合計について，学年間の相関を求めた。その結果，いずれも.70を超える強い相関が見られたが，とくに，隣接学年間の相関は.90を超え，他よりも強かった。さらに，岐阜県の郡部にある同じ小・中学校に在籍した194名の小学校1年～中学校3年までの9年間にわたる国語，社会，算数，理科の評定の合計について因子分析を行った。その結果，①高学年因子（学年が進むにつれて負荷量を高める。小学校5年以降から急速に増加し，その後の成績の変動のほとんどを説明する），②低学年因子（学年が進むにつれて負荷量が減少する。小学校6年間で急速に減少し，中学校になると減少の度合いは緩む），③中学年因子（小学4年から6年にかけて，もっとも負荷量が大きくなる。小学校1年から5年までは増大し，5年でピークを迎え，以降は急速に減少する），の3因子が見出された。

蘭・大坪（1984）は，新潟県の公立小学校の児童516名の，1，4，6年

時の標準学力テスト（教研式全国標準小学診断学力検査）の成績（国語，算数，理科，社会の平均点）を比較した。1年の成績に比べ，4年，6年の成績が上昇あるいは下降しているかによって，上昇・上昇，上昇・下降，下降・上昇，下降・下降の4群に分けたところ，上昇・上昇と下降・下降の人数が多かった。また，1年～4年で上昇（下降）した児童の7割以上が，そのまま，4年～6年で上昇（下降）した。このことから，4年を臨界期として，学業成績が上昇，下降に分極化することが推測された。

丹藤（1989）は，青森県の公立小学校（僻地指定）の児童110名の，2年～6年の5年間にわたる標準学力検査［教研式診断的学力検査（小学S形式）］の成績（国語と算数）を分析した。その結果，国語，算数ともに2年の偏差値は標準的水準であったが，国語は2年から3年で有意に低下し，算数は2年から3年，5年から6年で有意に低下した。2年～6年までの学力偏差値の動揺幅をみると，国語では10以内が40.0％，11～15が32.7％，16以上が27.3％，算数では10以内が23.7％，11～15が30.0％，16以上が46.3％であり，算数の方が国語よりも変動が大きかった。また，学年間の相関は，国語が.692～.830（隣接学年間は.798～.826），算数が.654～.783（隣接学年間は.712～.783）と比較的強い相関であった。

さらに，丹藤（1992）は，青森県の公立小学校（僻地指定）の別の児童236名を対象に追試研究を行った。その結果，国語と算数の学年変化のパターンは前回と同じであった。新たに男女差をみたところ，国語では5年間一貫して女子の成績の方が男子の成績よりも有意に高かった。算数では男女差は見られなかった。学年間の相関は，国語が.74～.84（隣接学年間は.79～.84），算数が.54～.82（隣接学年間は.74～.82）と比較的強い相関であった。

耳塚（2007a，2007b）は，教育社会学の観点から，JELS（Japan Educational Longitudinal Study）というプロジェクトを立ち上げ，2003年より，首都圏及び東北地方の2つのエリアにおいて，1000人規模の小学3年生，6年生，中学3年生，高校3年生を対象に，独自の学力テスト（国語と算数）を用いて

3年ごとに追跡した。公表されている算数の結果（耳塚，2008）によれば，首都圏エリアの3年（2003年）→6年（2006年）のコホートにおいては，3年の成績と6年の成績の相関は.64であった。また，小学3年時に同一の学力層であっても，小学6年時で相当のバラツキが見られた。東北エリアについては，中島（2012）が，3年（2004年）→6年（2007年）のコホート，3年（2007年）→6年（2010年）のコホートにおいて，学力を上位10％，上位10-50％，下位50-10％，下位10％の4グループに分け，変動をみた。その結果，各グループの4割前後は，3年後も同じグループのままであった。

同じく教育社会学の観点から，山崎（2013）は，児童2,053名の，4年時に受けた沖縄県独自の学力調査（国語，算数）の合計点と6年時に受けた全国学力調査（国語，算数）の合計点を連結し，それぞれ標準化し分析した。その結果，相関は.762であった。また，児童を上から25％ずつ4つの学力水準に分けたところ，4年時の最下層にいた者のうち66％は，6年時にも最下層のままであった。一つ上位には26％，二つ上位には7％，最上位には1％が移行した。

本研究で取り上げる算数と国語の学力の関連性の発達を検討した研究もある。角屋・蛯谷（1980）は，鳥取県の公立小学校の児童67名の，1年〜6年までの6年間にわたる算数と国語の成績（学年末5段階評価）の相関を求めた。その結果は，1年.582，2年.656，3年.778，4年.746，5年.830，6年.848であり，低学年に比べ高学年の方が相関は強まった。横断的研究ではあるが，池上・金子（1974）は，新潟県の大学附属小学校1年生〜6年生計464名の，国語と算数の成績（教師による0〜10の11段階評定）の相関を求めた結果，1年.779，2年.853，3年.789，4年.872，5年.882，6年.797と同様の傾向であった。また，石川・比嘉（1988）は，沖縄の公立小学校の3年生と5年生を対象に，国語と算数の標準学力検査（教研式全国標準診断的学力検査）を実施し，その相関を求めた結果，男子では3年.642，5年.812，女子では3年.681，5年.689であり，3年よりも5年の方が強かった。

ところで，これも縦断的研究ではないが，1982年に当時の国立教育研究所が行った研究（天野・黒須，1992）は学力の発達を考える上で示唆に富む。関東地方の17都市の公立小学校児童5,307人を対象に，1年～6年の各学年用の問題が順に配列された同一の学力テスト（国語，算数）が実施された。その際，学習遅滞として，ある学年の児童が得た得点が，1学年下の児童の平均得点を下回る場合を1年停滞した状態とみなした。その結果，3年から4年にかけての学習遅滞の割合が，国語では9.2％から16.4％，算数では4.7％から10.5％に著しく増加し，以降も増加する傾向にあった。この結果は，「9歳の壁」の現象と符合するものであった（黒田，2013）。

さらに，耳塚（2004）は，2002年に関東地方の12都市の公立小学校児童6,228名を対象に追試研究を行った。公表されている算数の結果をみると，学習遅滞の割合は，4年から5年にかけ，10.6％から20.0％に著しく増加し，高学年で学習遅滞が増えることが確認された（諸田，2004）。

以上から，研究数からいって仮説の段階ではあるが，児童期の学力の発達的様相を次のようにまとめることができる。

①小学校6年間における国語，算数の学力は，学年間の相関は0.5～0.8程度で比較的強く，とくに隣接学年間で強くなる。また，因子構造は3因子の可能性がある。

②国語，算数の学力水準は6年間安定している者が多いが，一定の割合で変動する者がいる。そうした変動の分岐点は，4，5年生頃と考えられる。また，国語よりも算数で変動が生じやすい。

③学力の男女差をみると，国語においては女子の方が男子よりも高い。

④算数と国語の関連性は高学年になるほど強くなる傾向にある。

1.4.2　学力の規定要因に関する研究

1.3において本研究で取り上げることとした知能，性格，動機づけ，学習コンピテンス，学習方略，親の期待のそれぞれについてみていく。

(1)知能

　数多くの研究において知能と学力の間には相関があることが示されてきた。清水（1978）は，それまでの研究を概観し，知能と学力の相関をおおむね0.6前後と見積もった。しかしながら，そうした相関は，小学校6年間で変化することが縦断的研究によって示されている。古くは，中島（1966）が，小学校6年間の集団式の知能検査と標準学力検査の相関を追跡した結果，算数では，1年.43，2年.25，3年.26，4年.60，5年.79，6年.68，国語では，1年.26，2年.35，3年.20，4年.36，5年.52，6年.44であり，両科目とも高学年の方が低学年よりも強い相関であった。

　知能それ自体，以前は恒常性が仮定されていたが，縦断的研究によって動揺性が認められている（八野，1981）。例えば，中島（1968）は，私立小学校の児童104名の，小学校1年～中学3年までの，9年間にわたる団体式知能検査（田中B式）の結果を比較した。その結果，小学校3年までは上昇し，4，5年でほぼ同一または少し下降し，以後再び上昇した。

　小学校6年間の知能と学力の相関については，縦断的研究によって，新たな知見が提出されている。

　1.4.1で述べた丹藤（1989, 1992）による青森県の公立小学校（僻地指定）の児童を対象にした一連の縦断的研究では，小学2年～6年までの5年間に標準学力検査とともに，知能検査（教研式学年別診断的知能検査）も実施された。国語，算数の成績と，知能の相関を求めると，各学年ともに0.6前後で，学年進行とともに高くなる傾向にあったが，前学年の成績の影響を一定にしたときの成績と知能との偏相関は0.1～0.3程度に低下した。一方，知能の影響を一定にしたときの隣接学年間の成績の偏相関は0.6前後であった。このことから，ある学年の学業成績には知能よりも前の学年の成績の影響が大きいことが示唆された。

　また，松崎（2009）は，ある公立小学校の児童59名の，2年，4年，5年に実施された知能検査（教研式新学年別知能検査サポート）と，2年，3年，

5年に実施された標準学力検査(教研式学力診断検査NRT)の結果を分析した。その結果,知能偏差値は学年が進むにつれ有意に上昇したが,重回帰分析によれば,4年時の知能偏差値には2年時の知能偏差値と3年時の学力偏差値(国語,算数,社会,理科の平均)が,また,5年時の知能偏差値には4年時の知能偏差値と3年時の学力偏差値が有意な正の影響を及ぼした。このことから,知能偏差値の上昇には,それ以前の知能偏差値とともに,学力偏差値からの影響があることが示唆された。

知能と学力の関係については,知能水準から予測される学力を示さないアンダーアチーバー(Under Achiever:UA),知能水準から予測される以上の学力を示すオーバーアチーバー(Over Achiever:OA)という観点からも検討されてきた。いずれの研究においても小学生4年生以上を対象に,自主性,責任感,自己価値などの人格的特性(中村,1964),テスト不安(大西・上田,1968),社会測定地位(上田・中野,1971),学習意欲(松浦,1972),一般統制感(神田,1999)においてOAの方がUAよりも良好であることが明らかにされている。また,三隅・阿久根(1971)によれば,親の指導性をP(しつけ・訓練),M(情緒的支持,感情的受容,緊張解消)の強弱(強い場合を大文字,弱い場合を小文字で表記)から,4類型し比較した結果,OAでは,父親,母親ともPM型,pM型が多く,UAでは,父親,母親ともPm型,pm型が多かった。

以上の研究では,ある一時点での比較であり,UAとOAの個人内の変動については検討されてこなかった。UAとOAの発達的な変化について検討した研究はわずかで,前記した松崎(2009)において,OAは2年時23名から5年時8名と減少し,UAが1名から2名に変化したと報告されている。

(2)性格

日本において,小学生を対象に性格と学力の関連を実証的に検討した研究は数例だけである。

古くは，篠原（1957）が，鹿児島市内の小学校3年生104名，6年生101名を対象に性格評定尺度（社交性，協力性，判断力，明朗性，自制力，安定感，探究心，創造性，勤勉性，忍耐力の10項目）と算数の標準学力検査（愛媛県教育研究所が開発）を実施し，両者の相関係数を算出した。その結果，3年生では.63,6年生では.57であった。ただし，性格評定尺度の得点は10項目の合計点であり，どのような特性が関連するかについては不明である。また，OAとUAを抽出し，学級担任教師の協力のもと質的に分析した結果，OAには外向性，明朗，活発，活気，UAには内向性，神経質，非社交性，陰気といった特性が見られやすいと報告している。

　中村（1964）は，青森県内の小学校4年生～6年生2,330名からOAとUAを抽出し，複数の性格検査から学業成績と関係があると推定された項目を選定し，比較した。その結果，OAには，①問題や事態に直面して自主的に積極的にこれを解決しようとする態度に恵まれ，一方においては自己を内省し，統制しようとする傾向が強い，②情緒的に安定し，抑うつ性や神経衰弱に苦しむことが少なく，自我の価値を認め，劣等感に悩まされることが少ない，③社会的な地位や役割をよく理解し，共同の活動に対してより責任を自覚し協調的であり，学校適応は良好である，といった特徴があることが明らかにされた。

　鈎・倉智（1975）は，大阪市内の小学校5年生154名，6年生166名を対象にアイゼンク（Eysenck）のJEPI（Junior Eysenck Personality Inventory）と教研式国語学力診断検査及び課題作文（文章課題を与え，自分の意見や考えを自由に記述）を実施した。その結果，JEPIの各尺度得点は課題作文の得点とのみ関連が見られたが，性別によって関連する尺度が異なった。男子では情緒性尺度及び精神症傾向尺度，一方，女子では向性（外向性－内向性）尺度のみが関連した。このことから，学力と関連する性格特性は，性別によって異なることが示唆された。

(3) 動機づけ

　学習意欲，すなわち，学習への動機づけが学力に影響することは自明のごとく語られるが，児童を対象にした実証的な研究はそれほど多くない。また，動機づけは，内発的－外発的の分類枠で二項対立的に捉えられてきた。

　松浦 (1972) は，大阪市立の小学校 4 年生182名，5 年生182名，6 年生171名から，オーバーアチーバー (OA) とアンダーアチーバー (UA) を抽出し，自主的意欲 (内発的動機づけ) と他律的意欲 (外発的動機づけ) の得点を比較した。その結果，両者の間には明確な差は認められなかった。OA，UAにかかわらず，全体として，自主的意欲の方が他律的意欲よりも強い傾向にあった。

　杉村 (1982) は，奈良県の小学校 2 年生147名，4 年生138名，6 年生109名を対象に，内発的意欲，達成意欲，計画性と実行意欲，の 3 つの下位概念からなる学習意欲に関する質問紙を実施し，それぞれの尺度得点から上位群と下位群に分け，学業成績を比較した。その結果，内発的意欲の上位群は下位群よりもすべての学年で学業成績が高かった。達成意欲や計画性と実行意欲では一部の学年あるいは教科でしか有意差は見られなかった。

　田上・桜井 (1984) は，Harterの内発的－外発的動機づけ尺度の日本語版を作成した。引き続き，田上・桜井 (1985) は，それを使用して，茨城県の公立小学校 3 年生92名，4 年生54名，5 年生53名，6 年生62名，中学 1 年生41名，2 年生40名，3 年生39名の内発的動機づけを測定し，学業成績 (担任教師による 5 段階評定) との相関を求めた。その結果，算数，国語ともに，学業成績と内発的動機づけの間には有意な正の相関が見られた。

　このように，内発的動機づけが学力に影響することが示唆されてきたが，近年，自己決定理論 (self-determination theory; Deci & Ryan, 2002) の登場により，内発的動機づけと外発的動機づけの二項対立的な分類が見直されている。両者は自律－統制の次元に連続的に位置づけられると考えられるようになった。外発的動機づけは，自律性の程度から，4 つの調整スタイル

（regulation style）として，①外的調整（external regulation，例，叱られるから勉強する），②取り入れ的調整（introjected regulation，例，恥をかきたくないから勉強する），③同一化的調整（identified regulation，例，重要だから勉強する），④統合的調整（integrated regulation，例，やりたいことだから勉強する）が想定され，これらの段階を経て内発的動機づけに相当する内的調整（intrinsic regulation，例，面白いから勉強する）に移行するとされる。ただし，実証研究では，統合的調整が扱われることは少ない（岡田，2010）。また，同一化的調整以上は相対的に自律性の程度が高いことから自律的な動機づけ，一方，外的調整，取り入れ的調整は相対的に統制性の程度が高いことから統制的な動機づけと呼ばれる。岡田（2010）は，これまでの研究のメタ分析から，小学生においては，統制的な動機づけと自律的な動機づけが比較的独立していることを見出している。

このように，動機づけに新たな側面が見出されているが，それらが学力とどのように関連するかについては，日本ではほとんど検討されていない。

⑷ 学習コンピテンス

学習領域でのコンピテンス（学習コンピテンス）と学力との関連についての実証的研究は，中学生以上を対象にしたものが多く，学習意欲の研究と同様，小学生を対象としたものは少ない。

桜井（1985）は，茨城県の公立小学校6年生150名を対象に質問紙を実施し，学習コンピテンスと主要4教科（国語，社会，算数，理科）の成績（教師による5段階評定）との相関を求めた。その結果，男子では，国語，算数，理科との間に，女子では社会，理科との間に有意な正の相関が見られた。

川崎・馬場園（2009）は，小学校高学年の児童564名を対象に質問紙を実施し，代表的な学習動機要因と教科学力のパス解析を行ったところ，学習コンピテンスは教科学力に有意な正の影響を及ぼした。

このように，少ないながらも，学習コンピテンスが学力を促進する可能性

が示唆されている。ただし，学習コンピテンスは学業成績の決定要因であるが，一方では，学業成績が学習コンピテンスを形成することもあり，両者は両方向の相互作用的影響があることが指摘されている（外山，2004）。

また，そもそも学習コンピテンス自体の発達的変化については，一貫した結果を得てない。桜井（1983）は小学3年生〜中学3年生にかけて学習コンピテンスが低下傾向にあることを示したが，小学5年生と小学6年生を比較した別の研究（桜井，1992）では差が見られなかった。前者の結果については，多くの教育心理学のテキストにおいて，学習コンピテンスが小学校高学年から中学生にかけて低下することの証拠として引用されていることからも，再検討の必要がある。

(5)学習方略

学習方略の使用と学業成績の関係を調べた研究は数多い（佐藤，2002）。しかしながら，日本においては，中学生以上を対象にした研究が多く，小学生を対象にした研究は数えるほどしかない。また，学習方略の捉え方も多様で，測定尺度も定まっていない。

豊田・森本（2001）は，小学6年生93名を対象に学習方略と学業成績の関係を検討した。学習方略は，別の調査で得られた児童の自由記述から，動機づけ方略（例，疑問が出てきたら調べる），思考方略（例，大事な言葉には線を引いておく），計算方略（例，間違った問題をやり直す），記憶方略（例，覚えにくい漢字は，その漢字を使った語句を調べる），それぞれ10項目ずつを作成した。学業成績は1学期の国語，算数，理科，社会の素点の合計とした。4つの学習方略を独立変数，学業成績を従属変数にして重回帰分析を行った結果，思考方略のみが有意な正の影響を及ぼすことを示した。さらに，40項目に対して因子分析を行い，新たに，思考の頻度（例，問題をたくさんして慣れる），学習のていねいさ（例，忘れた漢字は漢字辞典で調べる），学習法の工夫（例，漢字のへんやつくりを覚えて，それを組み合わせて漢字を作る），といった3つの下位尺

度を構成し，重回帰分析を行ったところ，思考の頻度のみが有意な正の影響を及ぼした。学習方略の下位尺度が研究の前半と後半で一貫していないが，学力に影響するのは特定の学習方略であることが示唆された。

　佐藤・新井（1998）は,それまでの学習方略の概念について詳細なレビューを行い，メタ認知的方略と，認知的方略及び外的リソース方略とを区別した上で，それぞれに対応した尺度を作成した。その際，前者については柔軟的方略（例，勉強のやり方が，自分にあっているかどうかを考えながら勉強する），プランニング方略（例，勉強するときは，さいしょに計画を立ててからはじめる）の2因子，後者については作業方略（例，勉強で大切なところは，くりかえし声に出しておぼえる），人的リソース方略（後に，友人リソース方略に改称）（例，勉強でわからないところがあったら，友達に勉強のやり方をきく），認知的方略（例，勉強をするときは，内容を自分の言葉で理解するようにする）の3因子を見出し，下位尺度も構成した。これらを使って，佐藤（2002）は，茨城県の公立小学校5，6年生70名を対象に，学業成績（算数，国語についての教師による3段階評定）との関連を検討した。各方略使用の高低から2群に分けて学業成績を比較した結果，算数では，プランニング方略の使用高群が低群よりも成績が有意に高い傾向にあり，また，友人リソース方略の使用高群が低群よりも成績が有意に高かった。国語では，プランニング方略の使用高群が低群よりも成績が有意に高く，作業方略の使用高群が低群よりも成績が高い傾向にあった。さらに，佐藤（2004）は，対象が中学1，2年生ではあるが，パス解析により，これら5つの学習方略間の因果モデルを示している。

　臼井（2014）は，佐藤・新井（1998）の項目の一部を利用し，新たに，柔軟な学習方略（例，勉強のやり方が自分に合っているかどうかを考えながら勉強する），友だちリソース方略（例，勉強でわからないところがあったら友達に聞く），ノート方略（例，先生が黒板に書いたことをきちんとノートに書く）の3因子から成る学習方略尺度を作成し，小学校3年生から中学校3年生，計1,485名を対象に質問紙調査を実施した。その結果，友だちリソース方略，ノート方略

は学年進行に伴い使用が増加する傾向にあったが，柔軟な学習方略は小学校3年生～5年生で下降し，5年生から6年生は変化がなく，6年生以降は増加した。

　以上から，学習方略の測定尺度は一定していないが，学力と関連するのは特定の方略であり，また，使用する学習方略は発達的に変化することが示唆されている。

(6) 親の期待

　海外の研究では，親の期待が子どもの学力に関連することが示唆されてきた（渡部・新井，2008a）。しかしながら，日本ではそれを直接的に検証した研究は少ない。間接的なアプローチとして，親がどのような領域に期待を抱くのか，それを子どもがどう認知するのかが検討されてきた。

　直接，親に尋ねた研究として，中山（1992）がある。小学校1年生～6年生の母親100名を対象にどのような領域で子どもたちに期待しているかについて質問紙調査を行った。その結果，発達的には，「教科の学力をのばす」「進んで勉強に取り組む」といった学業領域に関する期待や圧力が単調増加的に高まる傾向にあった。

　一方，直接，子どもに尋ねた研究として，木澤（2005）がある。小学5年生60名，6年生37名，中学生2年生222名を対象に親の期待に対する認知と日常の行動に関する質問紙調査を行った。その結果，親に期待されていると感じている者は勉強に自信を持っている傾向が高いこと，時々親に期待されていると感じる者は勉強に最も苦手感を持っていること，親に期待されていないと感じている子どもは勉強に対して興味・関心が薄いことが示唆された。

　また，大学生を対象にした回顧的調査がある。渡部・新井（2008b）は，大学生200名を対象に，親に期待されたと感じる領域・学校段階・親の期待に対する認知について回顧的調査を行った。その結果，小学生の時よりも，

中学生や高校生の時の方が強く葛藤を感じていた。また，学業領域への期待が，生き方の領域やスポーツの領域よりも高かった。

春日・宇都宮・サトウ（2013）は，大学生157名を対象に，小学校から大学までの各学校段階で，親からの期待に対しどのような感情を抱き，行動をとったかについて自由記述による回顧的調査を行った。その結果，小学校段階においては期待されることに対して「嬉しい」という感情や，期待に対して「応えた」という行動が多かった。

児童の学力との関連性を直接的に検証した研究として，耳塚（2007a）がある。1.4.1で述べたJELS2003で得られたデータから，小学校6年生の算数学力を従属変数，家庭的背景の諸変数を独立変数にした重回帰分析を行った。その結果，保護者の子どもに対する学歴期待の影響力は，受験塾への通塾に次いで強かった。

以上から，いずれの要因についても研究数は多くないため，検討の余地が十分あることが明らかになった。児童を対象にした研究が少ない理由としては，学力（学業成績）データの入手が難しいこと，小学校での質問紙調査の実施が難しいこと，小学生向けの質問紙が少ないこと等が考えられる。

現時点においては，児童期の学力の規定要因については次のようにまとめることができる。

①知能と学力は比較的強い相関があり，その程度は学年進行に伴い強まる傾向にある。また，知能自体も変動し，知能と学力が時系列で相互に影響しながら，学力とともに知能も形成されていく可能性がある。アンダーアチーバーとオーバーアチーバーの発達的変化についてはほとんど検討されていない。

②性格と学力の関連性についての知見は少なく，また，学力と関連する性格特性は性別によって異なる可能性がある。

③内発的動機づけが学力に正の影響を及ぼすことが示唆されてきたが，自

己決定理論によって動機づけの分類枠組みが変化した。そうした動機づけの新しい側面が学力とどのように関連するかについては検討されていない。
④学習コンピテンスが学力に正の影響を及ぼすことが示唆されてきたが，両者は相互作用的影響にあることも指摘されている。また，学習コンピテンスの発達的変化については一貫した結果を得てない。
⑤学力と関連するのは特定の学習方略であり，また，使用する学習方略は発達的に変化する。測定尺度については佐藤・新井（1998）によるものが妥当性・信頼性が高い。
⑥親の学業領域における子どもに対する期待は徐々に大きくなり，児童はそれを嬉しく感じ，応えようとし，学業に対する自信も形成する。このことから，親の期待と児童の学力は関連すると考えられるが，日本では，それを検証した研究は少ない。

1.5 本研究の構成

本研究は次のような構成から成っている（図1.5-1参照）。
第1章では，本研究の意義，学力の定義，検討する学力の規定要因を述べ，本邦における児童を対象にした学力に関する研究を概観する。
第2章では，本研究の方法論を述べる。
第3章では，研究協力校で毎年実施されている標準学力検査の縦断データを使用して，学力の構造を検討する。また，小学校6年間の学力変化について2つの異なる方法で検討する。
第4章では，学力を規定する個人内要因として知能，性格，動機づけ，学習コンピテンス，学習方略，また，環境的要因として親の期待に着目し，研究協力校で毎年実施されている知能検査と，2012年度以降，4年以上を対象に毎年実施した質問紙調査の縦断データを使用して，各要因と学力との関連

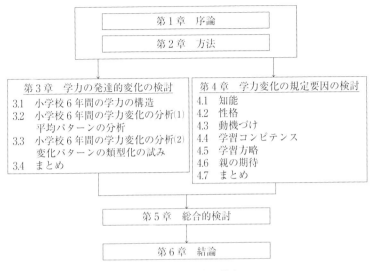

図1.5-1　本研究の構成

性について検討する。

　第5章では，第3章と第4章の結果を統合する。

　第6章では，本研究の成果を総括する。

第2章　研究の方法

2.1　研究協力校の概要

　本研究は，首都圏に位置する私立小学校の協力のもと実施された。同校に所属する児童のほとんどは，受験塾へ通塾し，卒業後は首都圏の私立中学校に進学する。なお，「平成28年度子供の学習費調査」（文部科学省，2017）によれば，私立小学校の授業料の平均は461,194円であるが、同校の授業料はそれを上回っている。このことから，同校に所属する児童の家庭の経済的状況は，総じて恵まれていると推測される。近年，親の学歴，職業，所得等といった家庭的背景が，児童の学力形成に影響することが実証されているが（耳塚，2007a；国立大学法人お茶の水女子大学，2014など），研究協力校の児童においては，家庭的背景に著しい差はなく，むしろ，この要因が統制された集団としてみなしても差し支えないように考えられる。

2.2　分析の材料

　本研究では，①小学校6年間の学力の発達的変化の検討（第3章）と，②そうした学力変化の規定要因の検討（第4章），の2つの課題に取り組むが，①については，研究協力校において蓄積された標準学力検査のデータを利用した。また，②で検討する要因のうち，知能については，同校において蓄積された知能検査のデータを利用した。その他の要因については，小学校4年生以上に質問紙調査を実施して，新たにデータを収集した。なお，データの統計的分析には，IBM SPSS Statistics 21及び Amos 21を使用した。

以下，各測定尺度の概要を述べる。

2.2.1 学力に関する測定尺度

研究協力校が毎年2月に実施してきた「教研式標準学力検査 NRT」（図書文化）のうち，算数と国語の結果を利用した。得点は全国基準による偏差値（平均50，標準偏差10）に変換される。なお，算数では，数と計算，量と測定，図形，数量関係（3年生以降），国語では，話すこと・聞くこと，書くこと，読むこと，言語事項，といった内容領域が設定されているが，それらの合計得点のみ偏差値として算出される。

分析対象は，現存する1996年度入学者から研究終了年度の2014年度入学者までのデータとした。利用可能なサンプルサイズは，表2.2-1の通りである。これが研究全体の基礎となる分析対象者数であるが，分析の目的及び質問紙調査の対象者数によって，実際の分析対象者数は変動する。

なお，教研式標準学力検査 NRT は，学習指導要領の改訂及び移行措置に合わせて改訂される。1996年～2014年の間に，小学校学習指導要領は2回改訂された。それに応じて，算数のテストは1年生，2年生，4年生，6年生用が5回，3年生，5年生用が6回，国語のテストは全学年3回の改訂がなされた（表2.2-2）。そのため，入学年度によっては，対象者が受検したテストのバージョンが6年間で一貫していない。こうしたバージョンの違いによる影響については，第3章において検討する。

2.2.2 学力の規定要因に関する測定尺度

(1)知能

研究協力校が毎年4月に実施してきた「教研式新学年別知能検査サポート」（図書文化）の全国基準による偏差値（平均50，標準偏差10）を利用した。なお，認知，記憶，拡散思考，集中思考，評価からなる下位尺度が設定されているが，合計点のみ，知能偏差値として算出される。したがって，ここで

表2.2-1 入学年度及び学年別の利用可能な学力検査のサンプルサイズ（人）

入学年度	算数						国語					
	1年	2年	3年	4年	5年	6年	1年	2年	3年	4年	5年	6年
1996			64			34			64			34
1997		60			57	56		57			57	56
1998	71			74	73	39	71			74	71	38
1999		25	78	78	78	48		24	78	78	78	49
2000	26	26	73	73	73	71	26	52	73	73	73	71
2001	78	79	80	28	84	83	78	79	80	28	84	83
2002	93	93	91	90	85	84	93	93	91	91	85	84
2003	67	101	101	98	61	87	67	101	101	98	61	87
2004	67	67	68	64	63	60	67	67	68	64	63	60
2005	83	84	87	85	84	84	83	84	87	85	83	84
2006	83	88	88	84	80	81	84	88	88	84	80	81
2007	88	91	89	89	88	86	88	91	89	89	88	84
2008	90	87	86	83	81	79	90	87	86	83	81	79
2009	97	97	98	97	96	96	97	97	98	97	96	96
2010	90	88	92	93	91		90	88	92	93	92	
2011	45	44	45	46			45	44	45	46		
2012	54	54	55				54	54	55			
2013	65	65					65	65				
2014	51						51					
合計	1148	1149	1195	1082	1094	988	1149	1171	1195	1083	1092	986

いう知能とは，集団式知能検査によって測定された全体的な知能水準のことである。

分析対象は，現存する1996年度入学者から研究終了年度の2014年度入学者までのデータとした。なお，この期間に検査の改訂は行われていない。

(2)質問紙調査

2013年～2015年の毎年3月に，4年生以上を対象に質問紙調査を実施した（表2.2-3）。質問紙は4年生用（付録1の①），5・6年生用（付録1の②），全学年用（付録1の③）の3種類からなった。各質問紙は次の内容から構成さ

表2.2-2 入学度年度別の受検したテストのバージョン

入学年度	算数 1年	2年	3年	4年	5年	6年	国語 1年	2年	3年	4年	5年	6年
1996	1版	1版	1版	1版	1版	1.1版	1版	1版	1版	1版	1版	1版
1997	↓	↓	↓	↓	1.1版	↓	↓	↓	↓	↓	↓	2版
1998	↓	↓	↓	1.1版	1.2版	2版	↓	↓	↓	2版	↓	↓
1999	↓	↓	1.1版	↓	2版	↓	↓	↓	2版	↓	↓	↓
2000	↓	1.1版	1.2版	2版	↓	↓	↓	2版	↓	↓	↓	↓
2001	1.1版	↓	2版	↓	↓	↓	↓	2版	↓	↓	↓	↓
2002	↓	2版	↓	↓	↓	↓	2版	↓	↓	↓	↓	↓
2003	2版	↓	↓	↓	↓	↓	↓	↓	↓	↓	↓	↓
2004	↓	↓	↓	↓	↓	↓	↓	↓	↓	↓	↓	↓
2005	↓	↓	↓	↓	↓	2.1版	↓	↓	↓	↓	↓	↓
2006	↓	↓	↓	↓	2.1版	2.2版	↓	↓	↓	↓	↓	↓
2007	↓	↓	↓	2.1版	2.2版	3版	↓	↓	↓	↓	↓	3版
2008	↓	↓	2.1版	2.2版	3版	↓	↓	↓	↓	3版	↓	↓
2009	↓	2.1版	2.2版	3版	↓	↓	↓	↓	3版	↓	↓	↓
2010	2.1版	2.2版	3版	↓	↓	↓	↓	3版	↓	↓	↓	↓
2011	2.2版	3版	↓	↓	↓	↓	3版	↓	↓	↓	↓	↓
2012	3版	↓	↓	↓	↓	↓	3版	↓	↓	↓	↓	↓
2013	↓	↓	↓	↓	↓	↓	↓	↓	↓	↓	↓	↓
2014	↓	↓	↓	↓	↓	↓	↓	↓	↓	↓	↓	↓

注) 1996年度入学者が最初に受検したテストを「1版」とし，以降の改訂数を示した。整数部は学習指導要領の改訂に伴う改訂，小数部は移行措置に伴う改訂を表す。

表2.2-3 質問紙調査の実施状況（2013年3月より，4年生以上を対象に開始）

入学年度	①性格 4年	5年	6年	②動機づけ 4年	5年	6年	③学習コンピテンス 4年	5年	6年	④学習方略 4年	5年	6年	⑤親の期待 4年	5年	6年
2007			○			○			○						○
2008		○			○			○			○			○	
2009	○			○			○			○			○		
2010	○														
2011	○			○						○					

注) ○は実施

れた。

1) 4年生用

①性格（付録1の①のⅠ参照）　小学生用5因子性格検査（FFPC）（曽我，1999）を使用した。「協調性」「統制性」「情緒性」「開放性」「外向性」の5因子それぞれ8項目，計40項目からなる。回答は，「はい」（3点），「どちらともいえない」（2点），「いいえ」（1点）の3件法であった。

②親の期待についての質問（付録1の①のⅡ）　まず「親」として誰を想起するかを尋ね，「お父さん」「お母さん」「その他のひと」から選択させた。次に，想起した親が自分に対して「よい中学に入ってほしい」「えらくなってほしい」「よい成績をとってほしい」といった学業領域における期待の程度（1：わからない，2：どちらともいえない，3：どちらかといえばそうだ，4：そうだ，5：とてもそうだ），及び，各期待に対する感情として「うれしい」「苦しい」「いやになる」「がんばろうと思う」のそれぞれの程度（0：わからない，1：いいえ，2：どちらかといえばいいえ，3：どちらかといえばはい，4：はい）を回答させた。

2) 5・6年生用

①学習方略（付録1の②のⅠ参照）　佐藤・新井（1998）の開発した尺度のうち，佐藤（2002）において学業成績との関連が認められたプランニング方略（例，勉強するときは，さいしょに計画を立ててからはじめる）と作業方略（例，勉強で大切なところは，くりかえし声に出しておぼえる）の2つの下位尺度，それぞれ6項目，計12項目を使用した。回答は，「まったくやらない」（1点），「あまりやらない」（2点），「どちらともえいない」（3点），「すこしやる」（4点），「とてもやる」（5点）の5件法であった。

②親の期待（付録1の②のⅡ参照）　4年生用と同じ。

3) 全学年用

①学習コンピテンス（付録1の③のⅡ参照）　児童用コンピテンス尺度（桜井，1992）の下位尺度である，学習コンピテンスを使用した。10項目からな

る。回答は,「はい」(4点),「どちらかといえばはい」(3点),「どちらかといえばいいえ」(2点),「いいえ」(1点)の4件法であった。なお,質問紙では,他の2つの下位尺度,社会コンピテンス(10項目),自己価値(10項目)も使用した。

②動機づけ(付録1の③のⅢ参照) 竹村・小林(2008)が開発した自己決定性尺度を使用した。内発調整,同一化調整,取入調整,外的調整の4因子,各4項目,計16項目からなる。回答は「あてはまる」(4点),「少しあてはまる」(3点),「あまりあてはまらない」(2点),「あてはまらない」(1点)の4件法であった。

以上に加えて,補足的な情報として,得意なこと(テレビゲームなど17項目に対してどの程度得意かについて3件法での評定及び自由記述)(付録1の③のⅠ参照),「勉強のことで一番うれしかったこと」(自由記述)(付録1の③のⅣ参照),塾や家庭教師の利用の有無(付録1の③のⅤ,Ⅵ参照)についても尋ねた。

2.3 倫理的配慮

本研究を実施するにあたっては,まず,保護者には,学校長を通じて文書によって研究の内容を説明し,反対がないことを確認した。児童には,質問紙の教示文において,研究の目的や,学校の成績と一切関係ないこと,個人名が発表されることはないことを簡潔にわかりやすく明記した。また,担任の先生からは,もし回答したくないときはしなくてもよい旨を明確に伝えてもらった。

なお,本研究は,筆者の前所属先であった聖徳大学の「ヒューマンスタディに関する倫理審査委員会」の承認(平成24年7月24日)を受けて実施した。また,東北大学教育情報学研究部研究倫理審査委員会での審査の結果,「非該当(審査対象外)」(平成27年7月31日)であった。

第 3 章　児童期における学力の発達的変化の検討

　1.4.1での先行研究の概観を踏まえ，本章では，児童期における学力の発達的変化について，2つの観点から検討する。第1は，小学校6年間を通して，各学年の学力相互の関連性の分析から，その背景にある因子の構造を検証する（3.1）。第2は，小学校6年間の学力の変化にどのようなパターンがあるかを探る（3.2, 3.3）。

3.1　小学校6年間の学力の構造[2]

3.1.1　目的

　藤田（1995）によれば，学校では，いわゆる「できる子」，「できない子」は早くから学業成績によって分離され，その地位は高い安定度で固定化していく傾向にあるという。こうした学力の相対的評価の安定性については古くから指摘されており，例えば，Bloom（1964）は，それまでの縦断的研究を総合して，18歳の一般学力の分散の少なくとも50％は9歳の学力の分散で，75％は13歳の学力の分散で説明できると結論づけている。また，小学校6年間の学年間の相関も総じて強いことも報告されている（丹藤，1989, 1992）。これらのことは，小学校6年間の学力は1因子性が強いことを示唆するものでもある。

　これに対し，Nakajima（1969）は，隣接学年間の相関を算出したところ，国語，算数ともに，4年生以降の相関が，それ以前の学年よりも高いことを

---

[2]　宮本・相良・倉元（2015a）にデータを追加して再分析し，加筆・修正したものである。

示した。また，蘭・大坪（1984）や天野・黒須（1992）は，4年生以降の学力の差の広がりを示した。これらのことから，1年生～3年生と4年生～6年生では，学力を支配する因子が異なる可能性も考えられる。

　一方，水越他（1980）は，同じ小・中学校に在籍した194名の9年間の学力データを使って因子分析を行った。その結果，①高学年因子（学年が進むにつれて負荷量を高める），②低学年因子（学年が進むにつれて負荷量が減少する），③中学年因子（小学4年から6年にかけて，もっとも負荷量が大きくなる），の3因子を見出した。中学校3年間を含んだものであるが，因子分析を行った唯一の研究事例であり，小学校6年間の学力構造の1つの可能性として考慮する必要はあろう。

　以上から，小学校6年間の学力については，1因子～3因子の構造を想定することができる（図3.1-1）。しかし，この点について6年間の縦断データを使用して，直接的に検証した研究はない。そこで，ここでは，研究協力校において蓄積された標準学力検査（算数，国語）の縦断データを使用して，想定される小学校6年間の学力の3つの構造について検証を試みる。

3.1.2　方法

　分析対象　表2.2-1で示した全サンプルのうち，6年間の算数と国語の標準学力検査のデータに欠損値のない者を選定した。その結果，研究協力校の2000年度～2009年度の入学者613名（男子275名，女子338名）が対象となった。内訳を表3.1-1に示す。

　学力の測定尺度　研究協力校が毎年2月に実施してきた「教研式標準学力検査NRT」の算数と国語の結果（全国基準による偏差値）を利用した。今回の分析対象者の場合，表2.2-2で示した通り，受検した算数のテストは1，2年生用が2回，3～6年生用が3回，国語のテストは3年生用以外の学年で1回の改訂がなされた。

第3章 児童期における学力の発達的変化の検討　33

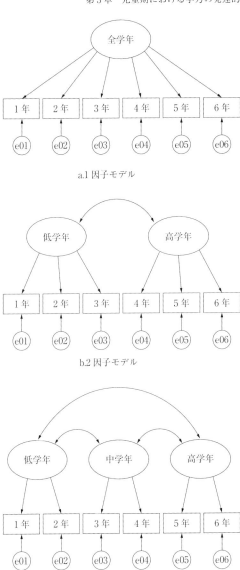

a.1因子モデル

b.2因子モデル

c.3因子モデル

図3.1-1　6年間の学力構造に関する3つの仮説モデル

表3.1-1　入学年度別の分析対象者数（人）

	\multicolumn{10}{c}{入学年度}	
	2000	2001	2002	2003	2004	2005	2006	2007	2008	2009	計
男子	9	10	33	23	26	31	31	37	32	43	275
女子	12	13	45	17	30	47	43	43	43	45	338
計	21	23	78	40	56	78	74	80	75	88	613

3.1.3　結果

(1)予備的検討：入学年度による学力の比較

表3.1-2は，入学年度別に算数偏差値，国語偏差値の平均値と標準偏差を示したものである。入学年度及びテストのバージョンの影響をみるために，入学年度と学年による2要因の分散分析を行った。その結果，両教科ともに交互作用が有意であった（算数：$F(45, 3015)=2.84$, $p<.01$，国語：$F(45, 3015)=3.06$, $p<.01$）。そこで，単純主効果検定を行ったところ，入学年度要因の単純主効果[3]は，両教科ともにいずれの学年においても有意ではなかった。また，学年要因の単純主効果は，2004年度入学者の国語以外は，すべての入学年度において有意であった。多重比較の結果（Holm法，$p<.05$，以下同）に基づき（付録2参照），学年間の差の大きさと方向のパターンを確認したところ，著しい違いは見られなかった（図3.1-2，図3.1-3）。

以上から，入学年度及びテストのバージョンによって，研究協力校の全国を基準にした算数偏差値，国語偏差値には著しい差はないことが確認された。本研究の以後の分析では，入学年度を込みにして進めることとした。

---

[3]　2要因混合計画の分散分析において参加者間要因の単純主効果検定を行う場合，誤差項には，参加者内要因の水準別誤差項を使用する方法と，プールされた誤差項を使用する方法，の2つがある。本研究では，宮本・山際・田中（1991）に従い，一貫して水準別誤差項を使用する。

表3.1-2 入学年度別の6年間の算数偏差値と国語偏差値の平均値(M)と標準偏差(SD)

入学年度		算数 1年	2年	3年	4年	5年	6年	国語 1年	2年	3年	4年	5年	6年
2000	M	56.81	53.90	59.52	59.05	62.52	58.43	59.90	56.57	56.19	61.00	60.19	61.33
	SD	8.81	7.35	8.28	8.51	11.95	9.54	4.35	7.78	8.09	8.16	7.08	7.59
2001	M	58.43	54.87	56.43	57.00	59.26	59.52	59.43	56.78	57.13	57.52	57.48	59.74
	SD	6.26	7.23	9.08	12.30	14.08	8.43	5.98	9.15	9.14	8.66	8.91	8.00
2002	M	57.92	56.14	57.54	59.17	63.21	60.01	56.06	58.00	56.91	59.28	59.23	61.14
	SD	8.20	8.75	9.29	8.82	11.77	7.73	7.61	8.38	9.11	9.37	8.09	7.80
2003	M	58.65	57.85	58.15	58.40	62.73	60.35	56.65	56.55	56.03	56.33	58.08	60.38
	SD	6.85	9.22	11.36	12.16	12.32	9.09	8.89	10.25	10.58	11.02	9.71	10.07
2004	M	56.82	58.70	58.48	59.14	63.20	58.77	56.05	57.48	56.57	57.73	58.05	57.82
	SD	8.01	6.99	7.19	8.66	9.77	8.54	8.56	8.87	8.54	10.30	8.21	8.45
2005	M	59.08	56.50	58.27	60.41	61.59	60.62	58.05	56.58	55.88	59.17	56.13	58.59
	SD	5.96	8.71	7.80	7.70	10.24	10.46	5.97	7.27	8.64	9.00	8.56	8.65
2006	M	58.22	56.59	58.45	59.45	62.66	56.38	58.14	56.39	56.09	57.16	56.95	58.55
	SD	6.72	7.60	8.92	11.48	11.08	10.37	6.49	7.54	8.56	8.90	6.44	8.06
2007	M	56.75	55.91	56.26	59.43	59.78	56.94	55.58	55.58	55.13	57.48	56.53	57.75
	SD	9.46	8.48	10.81	11.95	12.15	12.10	8.61	9.07	9.70	9.57	8.42	9.57
2008	M	59.21	56.91	58.97	57.04	59.76	56.72	57.45	57.25	56.68	59.79	56.95	58.75
	SD	6.41	7.73	10.25	10.87	10.71	10.87	8.17	8.84	8.70	9.27	9.10	9.12
2009	M	59.22	57.99	60.63	61.66	61.02	58.64	57.98	59.16	60.08	61.64	58.97	59.61
	SD	6.99	7.45	8.65	8.40	10.68	11.23	6.25	6.82	8.26	7.56	5.89	7.41

(2)学年間の相関

　算数偏差値，国語偏差値のそれぞれについて，学年間の相関係数（Pearsonの積率相関係数，以下同）を求めた。その結果，表3.1-3の通り，算数では.605〜.827（$p<.01$），国語では.629〜.829（$p<.01$）と，いずれの学年間においても，有意な正の相関が見られた。

(3)因子構造の検証

　算数偏差値と国語偏差値のそれぞれについて図3.1-1に示した3つのモデ

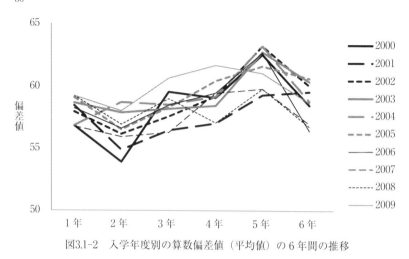

図3.1-2　入学年度別の算数偏差値（平均値）の6年間の推移

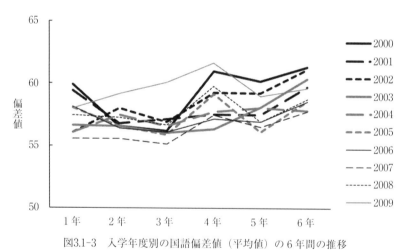

図3.1-3　入学年度別の国語偏差値（平均値）の6年間の推移

ルによる確認的因子分析を行った。

　モデルの適合度の評価あたっては，三浦（2006）を参考にして，GFI（Goodness of Fit Index），AGFI（Adjusted Goodness of Fit Index），CFI（Comparative Fit Index），RMSEA（Root Mean Square Error of Approximation），AIC（Akaike

表3.1-3　算数偏差値と国語偏差値の学年間の相関（N=613）

		2年	3年	4年	5年	6年
算数	1年	676**	.646**	.640**	.627**	.605**
	2年		.746**	.711**	.685**	.627**
	3年			.795**	.752**	.722**
	4年				.820**	.780**
	5年					.827**
国語	1年	.743**	.720**	.722**	.662**	.629**
	2年		.789**	.787**	.731**	.714**
	3年			.825**	.786**	.738**
	4年				.829**	.788**
	5年					.814**

** $p<.01$

Information Criterion）の6つの指標から総合的に判断することとした。このうち，GFI，AGFI，CFIは1.0に近いほど適合が良いと判断され，経験的な基準として0.90以上が望ましいとされる。RMSEAは0.05以下であれば適合が良く，0.05〜0.10であれば許容範囲，0.10以上であれば悪いと判断される。AICは複数のモデルの相対的な評価に使用され，もっとも低いモデルが選択される。

　表3.1-4は算数の各モデルの6つの適合度指標を示したものである。いずれの指標においても3因子モデルが他の2つのモデルよりも良好な値を示した。このことから，3因子モデルがもっとも適合が良いと判断された（図3.1-4）。

　表3.1-5は国語の各モデルの6つの適合度指標を示したものである。いずれの指標においても3因子モデルが他の2つのモデルよりも良好な値を示し，3因子モデルがもっとも適合が良いと判断された（図3.1-5）。

3.1.4　考察

　まず，算数と国語それぞれの学年間の相関をみると，先行研究と同様に，

表3.1-4　算数における各モデルの適合度

	GFI	AGFI	CFI	RMSEA	AIC
1因子	.926	.827	.961	.150	156.706
2因子	.967	.913	.983	.105	87.790
3因子	.982	.936	.991	.088	64.519

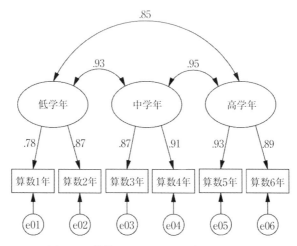

図3.1-4　算数の3因子モデル（標準化解）

いずれも正の強い相関を示した。とくに，Nakajima（1969）で見られたように，隣接学年間の相関が低学年よりも高学年で強くなることが確認された。

　次に，6年間の学力の構造について検証すると，算数，国語ともに3因子モデルがもっとも適合が良かった。この結果は，小中学校9年間を通してではあるが，水越他（1980）が見出した低学年，中学年，高学年の3因子の存在を支持するものであった。

　また，藤村（2011）は，"児童期の発達に関する理論的研究や実証的研究を検討すると，児童期を，小学校低学年（7，8歳），中学年（9，10歳），高学年（11，12歳）の年齢段階に区分して，その発達的特質を把握することが

表3.1-5　国語における各モデルの適合度

	GFI	AGFI	CFI	RMSEA	AIC
1因子	.941	.863	.973	.130	126.392
2因子	.970	.921	.987	.097	79.763
3因子	.993	.975	.998	.045	43.593

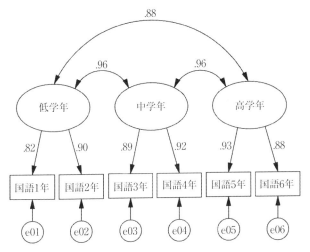

図3.1-5　国語の3因子モデル（標準化解）

可能である"（p.299）と述べているが，本結果はこれに符合する。

　以上から，算数，国語の6年間の学力構造は，3因子構造であると考えられるが，留意すべきこととして，因子間の相関の強さをあげることができる。算数では.85〜.95，国語では.88〜.96と強い相関であった。このことから，低学年時の学力によって中学年時の学力が，中学年時の学力によって高学年時の学力が規定される可能性は高く，「できる子」，「できない子」の早期分離と固定化は生じやすいと考えられる。とはいえ，低学年，中学年，高学年のそれぞれの学力を支配する因子が個別のものとすれば，変動する余地も十分考えられる。

そこで，次節では，学力の変化がどのような様相を示すのかを検討する。

3.2 小学校6年間の学力変化の分析(1)：平均パターンの分析

3.2.1 目的

本節では，小学校6年間の学力変化の平均パターンについて検討する。これまで，5年間以上の縦断データによって学業成績の平均値の推移をみた研究は，Nakajima（1969）と丹藤（1989, 1992）しかない。ともに標準学力検査の結果（全国基準による偏差値）を使用している点では共通しているが，前者は首都圏の私立校，後者は僻地の公立校であり，学年進行に伴う変化も異なったパターンを示していた。そこで，本研究のサンプルがどのようなパターンを示すのかを明らかにし，先行研究と比較する。その際，先行研究において，性別によって異なったパターンが示唆されているので，男女差についても検討する。

また，先行研究にはない新しい分析として，潜在曲線モデル（Latent Curve Model）あるいは潜在成長モデル（Latent Growth Model）の適用を試みる。それは，構造方程式モデリング（SEM：Structural Equation Modeling）の一種であり，固定母数を用いて「切片」と「傾き」という縦断データの平均的な変化パターンの形状を表す構成概念を測定し，それらの母集団における散らばりの程度を構成概念の平均と分散を用いて表現することで，母集団全体における発達軌跡の形状を吟味する（豊田, 2003）。近年，縦断データの解析法として推奨されている（岡林, 2006；宇佐美・荘島, 2015など）。ここでは，図3.2-1に示す，一般的な1次のモデルを適用する。例えば，1年時の学力 = 0×傾き + 切片 + 誤差，2年時の学力 = 1×傾き + 切片 + 誤差……6年時の学力 = 5×傾き + 切片 + 誤差で表現される。

以上に加えて，算数と国語の学力の関連性の発達的変化についても検討す

第3章 児童期における学力の発達的変化の検討　41

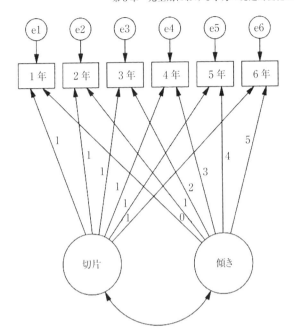

図3.2-1　潜在曲線モデル

る。

3.2.2　方法

分析対象　3.1と同じ。
学力の測定尺度　3.1と同じ。

3.2.3　結果

(1)学力の推移

表3.2-1は，男女別に各学年時の算数と国語の偏差値の平均値と標準偏差を示したものである。教科ごとに，性別×学年による2要因の分散分析を行った。

表3.2-1　男女別の各学年時における算数偏差値,国語偏差値の平均値(M)と標準偏差(SD)

			1年	2年	3年	4年	5年	6年
算数	男子 ($N=275$)	M	58.30	56.80	58.62	60.40	63.37	60.35
		SD	7.19	8.08	9.49	10.48	11.31	9.88
	女子 ($N=338$)	M	58.16	56.78	58.12	58.50	60.07	56.97
		SD	7.65	8.07	9.11	9.67	10.98	10.30
国語	男子 ($N=275$)	M	56.18	56.06	55.65	57.87	56.98	58.13
		SD	7.80	8.88	9.69	9.82	8.34	9.45
	女子 ($N=338$)	M	58.11	58.03	57.68	59.62	58.24	59.98
		SD	6.97	7.70	8.26	8.72	7.73	7.63

算数では，交互作用が有意であった（$F(5, 3055)=13.91, p<.01$）。そこで，まず，性別の単純主効果を検定したところ，1年，2年，3年では有意ではなかった（いずれも，$F<1$）。4年，5年，6年では有意で（順に，$F(1, 611)=5.43, p<.05, F(1, 611)=13.38, p<.01, F(1, 611)=16.89, p<.01$），男子の方が女子よりも高かった（図3.2-2）。次に，学年の単純主効果を検定したところ，男子では有意であった（$F(5, 3055)=60.22, p<.01$）。多重比較の結果（表3.2-2），1年から2年で有意に下降し，2年から3年，3年から4年，4年から5年と有意に上昇し，5年から6年で有意に下降した。女子でも有意であった（$F(5, 3055)=16.39, p<.01$）。多重比較の結果（表3.2-2），1年から2年で有意に下降し，2年から3年で有意に上昇し，3年から4年では有意差はなく，4年から5年で有意に上昇し，5年から6年で有意に下降した。

国語では，性別の主効果が有意で（$F(1, 611)=8.75, p<.01$），学年にかかわらず一貫して女子の方が男子よりも高かった（図3.2-3）。また，学年の主効果も有意であった（$F(5, 3055)=32.36, p<.01$）。多重比較の結果（表3.2-3），1年から3年までは有意差がなく，3年から4年で有意に上昇し，4年から5年で有意に下降し，5年から6年で有意に上昇した（図3.2-3）。

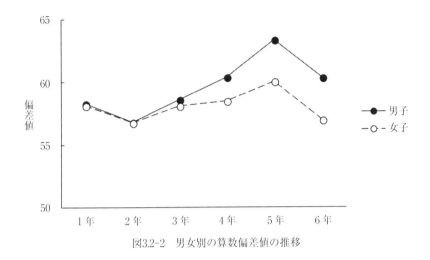

図3.2-2　男女別の算数偏差値の推移

表3.2-2　算数における学年の多重比較の結果

		2年	3年	4年	5年	6年
男子	1年	>	=	<	<	<
	2年		<	<	<	<
	3年			<	<	<
	4年				<	=
	5年					>
女子	1年	>	=	=	<	>
	2年		<	<	<	=
	3年			=	<	>
	4年				<	>
	5年					>

(2) 潜在曲線モデルによる分析

図3.2-1で示したモデルによって，教科及び男女別に分析を行った．ただし，図3.2-2，3.2-3の通り，変化が直線的ではないので，隣接する学年間では異なる傾きが考えられたので，区間線形の潜在成長モデル（宇佐美・荘島，2015）とした．「傾き」からの1年時の学力へのパス係数を0，6年時の学

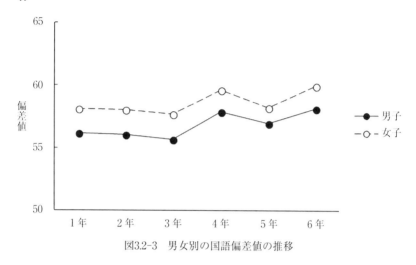

図3.2-3　男女別の国語偏差値の推移

表3.2-3　国語における多重比較の結果

	2年	3年	4年	5年	6年
1年	=	=	<	=	<
2年		=	<	=	<
3年			<	<	<
4年				>	=
5年					<

力へのパス係数を1とし，他の学年時の学力へのパス係数については自由推定とした．

　分析の結果を，図3.2-4に示す．モデルの適合度をみると，RMSEAがいずれも.10を超えており，当てはまりが良くないと判断された．

(3)算数と国語の学力の関連性の変化

　算数と国語の学力の関連性の変化をみるために，各学年時の相関について男女別に算出した．表3.2-4に示す通り，男女ともに有意な正の相関が見ら

第3章 児童期における学力の発達的変化の検討　45

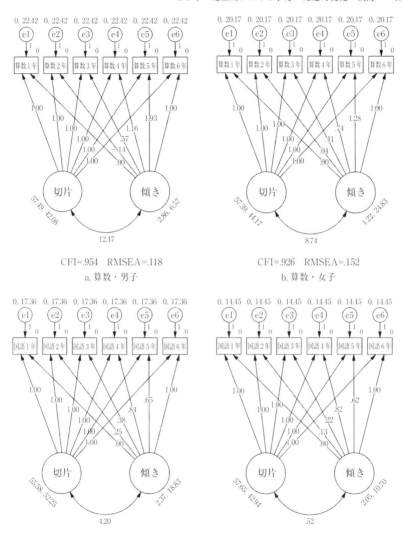

図3.2-4　潜在曲線モデルによる分析結果（非標準化推定値）

注）潜在変数の付記された数値は平均値と標準誤差。また，切片と傾きを結ぶ両矢印に付記された数値は共分散。

表3.2-4　各学年の算数偏差値と国語偏差値の相関係数

	1年	2年	3年	4年	5年	6年
男子	.637**	.684**	.740**	.763**	.785**	.771**
女子	.699**	.645**	.666**	.746**	.772**	.748**

**$p<.01$

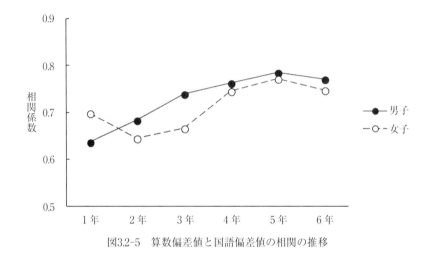

図3.2-5　算数偏差値と国語偏差値の相関の推移

れた。相関の強さの変化をみると，男女ともに，1年〜3年に比べ，4年〜6年の方が強くなる傾向にあった（図3.2-5）。さらに，3.1で確認された3因子構造に従い，各因子の尺度得点として2学年ごとの合計値を計算し，相関を求めると表3.2-5の通りとなった。図3.2-6に示した通り，低学年，中学年，高学年と進むにつれ，相関は強くなっていくことが明確になった。

3.2.4　考察

まず，各学年時の偏差値の平均値をみると，算数，国語ともに55以上と高い水準にあった。これは，同じ首都圏の私立小学校の児童を対象にしたNakajima（1969）の結果と同様であった。藤岡（1987）は，私立校のデータ

表3.2-5　尺度得点による算数と国語の相関係数

	低学年	中学年	高学年
男子	.727**	.807**	.833**
女子	.751**	.776**	.809**

**$p<.01$

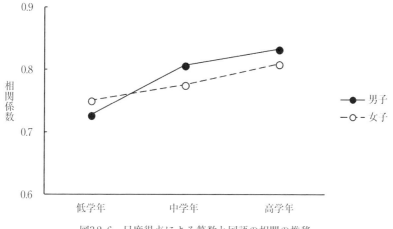

図3.2-6　尺度得点による算数と国語の相関の推移

は，対象者が選抜されていて成績が高くなりすぎると指摘しているが，両校ともにそれに当てはまる結果であった。

　しかし，変化パターンをみると，算数については，Nakajima (1969) では，1年〜2年で上昇し，2年〜5年で下降し，5年〜6年で著しく上昇し，本研究の結果とは逆のパターンであった（図3.2-7）。また，僻地の公立小学校の児童を対象にした丹藤（1989, 1992）においては，2年〜3年で下降し，3年〜5年が横ばい，5年〜6年で下降しており，本研究とは異なる。

　一方，国語については，Nakajima (1969) では，1年〜3年に比べ4年〜6年が低く（図3.2-8），丹藤（1989, 1992）においても，2，3年が4年〜6

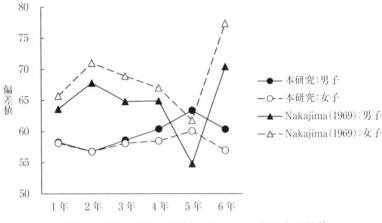

図3.2-7　算数における本研究とNakajima（1969）の比較

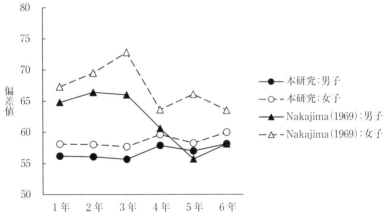

図3.2-8　国語における本研究とNakajima（1969）の比較

年よりも高く，本研究の結果とは対照的であった。諸条件の異なるわずか4つの研究事例であるが，小学校5年年間ないし6年間の学力の平均値の変化は，特定のパターンに収束する兆しは見出せなかった。

　男女差については，どの学年時でも国語の成績が女子の方が男子よりも一

貫して高いという点では，本研究，Nakajma（1969），丹藤（1992）の3つの研究で共通していた。このことから，児童期において国語の学力の性差は，頑健な現象であると考えられる。一方，算数の成績については，本研究では4年生以降，男子の方が女子よりも高くなったが，Nakajima（1969）や丹藤（1992）では女子の方が男子よりも高かった。算数の学力については，性差よりも別の要因が影響することが考えられる。

　平均値のパターンに潜在曲線モデルを当てはめてみると，教科，性別にかかわらず，適合度は十分でなく，当てはまりはよくなかった。豊田（2003）によれば，今回のような1次のモデリングがうまくいかない例として，異なった成長曲線を持つ複数の潜在的な集団が混在していることが考えられるという。図3.2-7，図3.2-8の通り，同じ首都圏の私立小学校においてでさえ，まったく異なった変化パターンであったことに鑑みれば，こうしたケースに該当する可能性は高いと考えられる。

　児童の多様性を考えた場合，サンプル内のすべての児童が平均的な発達動態を示すとは限らず，むしろ，固有の発達軌跡を描く下位集団の存在を想定する方が自然なのかもしれない。このような下位集団の発見は，通常，集団単位で行われる学校での指導を考えれば，教育的にも意義がある。さらにいえば，もし，Nakajima（1969）や丹藤（1989，1992），そして本研究が，サンプル全体の平均値だけでなく，このような下位集団に着目した分析を行っていたならば，学校を越えて，類似した発達軌跡を持つ集団を見出せていたかもしれない。この意味で，サンプル依存の結果から一般化のための手がかりを得ることにもつながる。

　ともあれ，児童期の学力の発達的変化の様相を明らかにするためには，混在する多様な変化パターンの類型を探索・発見することが課題であろう。次節において，この課題を追及する。

　ところで，偏差値の変化パターンは多様であったが，算数と国語の相関については，先行研究（池上・金子，1974；角屋・蛯谷，1980；石川・比嘉，1988）

と同様に，学年の進行に伴い強くなる傾向にあった。この現象も頑健である可能性がある。おそらくは，高学年になるにつれ抽象度が高まり，文章題も増える算数の課題の解決にとっては，二次的ことばの熟達が不可欠であり，それは直接的に読解力等，国語の学力の基礎を形成するからではないかと考えられる。つまり，二次的ことばの発達が，算数の学力と国語の学力との関連性を強めるため，結果的に両者の相関も高まるのではないだろうか。本研究ではこれ以上の追及は差し控えるが，少なくとも，学力として国語と算数の関連性が強まることも，児童期の学力の特徴と考えられる。

3.3　小学校6年間の学力変化の分析(2)：変化パターンの類型化の試み

3.3.1　目的

　前節において，潜在曲線モデルによる分析結果から，小学校6年間の学力の発達的変化には，多様な変化パターンが混在する可能性が示唆された。そこで，本節では，実際にどのような変化パターンが存在するのかを探る。その際，変化パターンを探る方法として，山田（1990）が共通一次受験者の5教科の得手不得手のタイプ（学力型）の分析で使用した方法を応用する。山田（1990）は，次のような方法で学力型を構成した。

　①受験者ごとの平均値に基づく分類：受験者ごとに，5教科の得点（パーセンタイル順位に変換した値）の平均値を求め，その値を各教科の得点から差し引く。これを変換得点と呼ぶ。変換得点で正の値を示した教科によって，受験者を分類する。ただし，変換得点の最大値と最小値との差（レンジ）が30以下の場合は，学力型と特定するのに十分な情報が与えられていないと判断し，分類は行わない。

　②変換得点のプロフィールの形状に基づく分類：縦軸を変換得点，横軸を各教科とし，各教科の変換得点をプロットし，折れ線グラフで表現したもの

をプロフィールと呼ぶ。変換得点を値の大きい順に教科を並べ変えた場合のプロフィールを参照して，隣接する教科間での値の変化が最も大きい箇所を取り出し，その箇所で5教科を得意教科群とそれ以外に分け，得意教科の数によって分類する。

③平均値に基づく分類とプロフィールの形状に基づく分類を組み合わせて，最終的な分類をする。

この方法の長所は，①得点が異なっていても，変換得点という個人内基準で修正することによって同じパターンとして扱えること，また，②数値的には同じパターンであっても，その形状を目視することによって微調整を加えられること，の2点にある。

「教科」を「各学年時の学力」に読み替え，この方法を本研究の一部のデータを用いて上記の②までの手順を試行したところ，学力の変化パターンの分析にも応用可能である見通しを得た（宮本・倉元，2014）。ここでは，本研究の全データを用いて山田（1990）に沿って分析を最後まで進め，学力の変化パターンの類型化を試みる。

なお，サンプルの中に異なった発達軌跡を持つ複数の集団が混在する場合，そうした下位集団を特定する方法として，潜在曲線混合モデル（latent curve mixture model）や混合軌跡モデル（group-based trajectory analysis）がある（高橋，2015；玉井・藤田，2017）。これらの方法では，集団（潜在クラスという）の数を仮定し，適合度比較を行うことによって，軌跡パターンの数を決定する。その上で，各軌跡パターンの形状や統計的特徴を吟味する。これらの方法と違い，山田（1990）の方法は，基本的には「目視」によって軌跡パターンの数を決定する。統計的には高度ではないが，軌跡パターンの形状を質的にきめ細かく吟味できるので，仮説生成という点では有用であるように考えられる。また，この方法で見出された軌跡パターンの数は，将来，潜在曲線混合モデルや混合軌跡モデルによる分析に移行する際，クラス数の設定において一種の先見的情報として利用できる可能性もある。

3.3.2　方法

分析対象　3.1と同じ。
学力の測定尺度　3.1と同じ。

3.3.3　結果

(1)各児童の偏差値の6年間の平均値に基づく変化パターン

個人ごとに6年間の偏差値の平均値を算出し，その値を各学年時の偏差値から引いた。この値を変換得点とした。変換得点が正である場合，個人内において学力が相対的に高い学年となる。変換得点が正であった学年数と学年の種類を集計した。表3.3-1，図3.3-1は算数，表3.3-2，図3.3-2は国語の結果を示したものである。変換得点が正となる学年の数は「○学年型」，学年の種類は「○年生型」と記した。例えば，4年，5年，6年が正である場合，3学年型，456年生型とした。

各学年型のパターン数は，理論的には，1学年型が6パターン（$_6C_1 = 6$，以下同），2学年型15パターン，3学年型20パターン，4学年型15パターン，5学年型6パターン，さらに，6学年の偏差値がすべて同値となる1パターンを加えると，合計63パターンが出現する。実際には，算数では，1学年型が2パターン，2学年型が14パターン，3学年型が20パターン，4学年型が15パターン，5学年型が2パターン，計53パターン，国語では，1学年型が5パターン，2学年型が15パターン，3学年型が20パターン，4学年型が15パターン，5学年型が5パターン，計60パターンであった。理論値よりは少ないものの，両科目ともに学年生型の変化パターンのバリエーションは多岐にわたっていたが，度数の減衰状況から判断して，算数では，順に456年生型，345年生型，3456年生型，56年生型，45年生型，356年生型，国語では，456年生型，234年生型，46年生型，3456年生型が比較的多かった。

さて，平均値に基づく変化パターンは，例えば，同じ456年生型であって

第3章　児童期における学力の発達的変化の検討　53

表3.3-1　平均値に基づく変化パターンの分布（算数）

学年型	年生型	度数	%	学年型	年生型	度数	%	学年型	年生型	度数	%
1	1	4	0.7		145	12	2.0		2346	2	0.3
	5	17	2.8		146	9	1.5		2356	2	0.3
					156	20	3.3		2456	4	0.7
2	12	11	1.8		234	11	1.8		3456	39	6.4
	13	2	0.3		235	5	0.8				
	14	3	0.5		236	5	0.8	5	12456	2	0.3
	15	8	1.3		245	10	1.6		13456	2	0.3
	16	10	1.6		246	4	0.7				
	23	6	1.0		256	7	1.1				
	25	2	0.3		345	40	6.5				
	26	1	0.2		346	14	2.3				
	34	7	1.1		356	25	4.1				
	35	15	2.4		456	78	12.7				
	36	1	0.2								
	45	27	4.4	4	1234	11	1.8				
	46	3	0.5		1235	9	1.5				
	56	34	5.5		1236	1	0.2				
					1245	9	1.5				
3	123	18	2.9		1246	3	0.5				
	124	10	1.6		1256	6	1.0				
	125	14	2.3		1345	6	1.0				
	126	6	1.0		1346	8	1.3				
	134	16	2.6		1356	9	1.5				
	135	15	2.4		1456	15	2.4				
	136	7	1.1		2345	8	1.3				

も，図3.3-3のように，レンジや形状の異なる多様なパターンが同じ分類になってしまう問題点がある。山田（1990）は，この問題点に，学力型が識別不可能なレンジの特定と変換得点の最大変化部分の特定によって対処した。次項では，同様の手続きで，分析を進める。

54

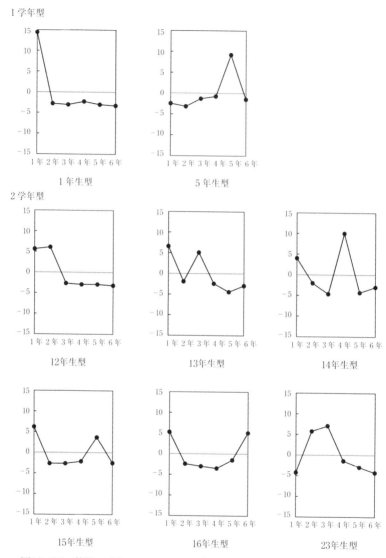

図3.3-1(1) 算数の変化パターンごとの各学年の変換得点（縦軸）の平均値

第3章 児童期における学力の発達的変化の検討　55

(2学年型の続き)

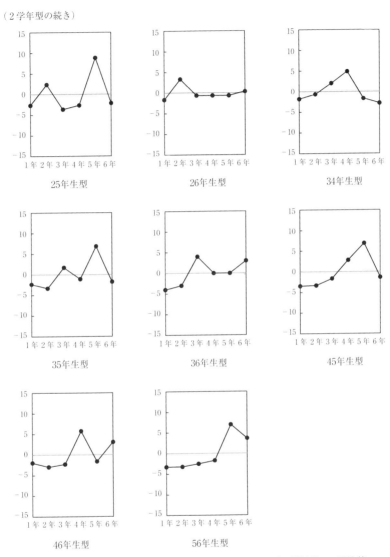

図3.3-1(2)　算数の変化パターンごとの各学年の変換得点（縦軸）の平均値

56

3学年型

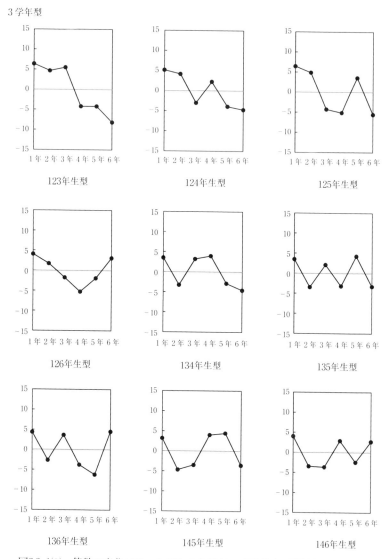

図3.3-1(3) 算数の変化パターンごとの各学年の変換得点(縦軸)の平均値

第3章　児童期における学力の発達的変化の検討　57

（3学年型の続き）

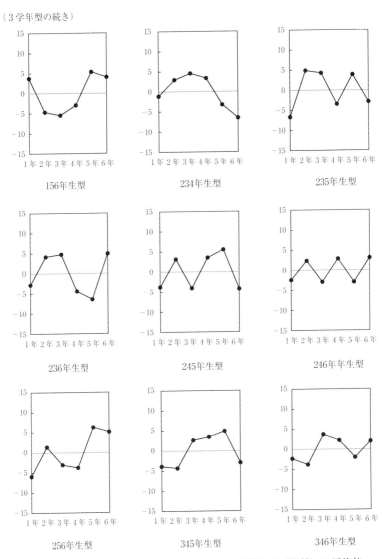

図3.3-1(4)　算数の変化パターンごとの各学年の変換得点（縦軸）の平均値

(3学年型の続き)

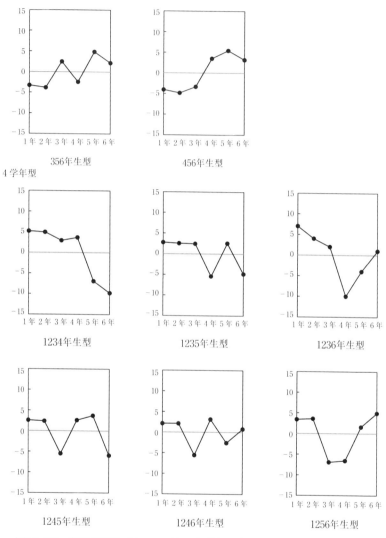

図3.3-1(5) 算数の変化パターンごとの各学年の変換得点(縦軸)の平均値

第 3 章 児童期における学力の発達的変化の検討　59

(4学年型の続き)

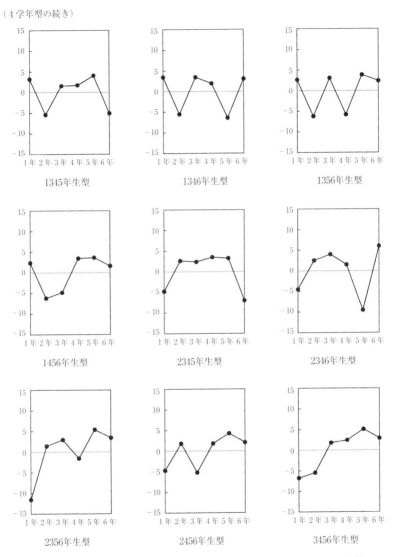

図3.3-1(6)　算数の変化パターンごとの各学年の変換得点（縦軸）の平均値

5学年型

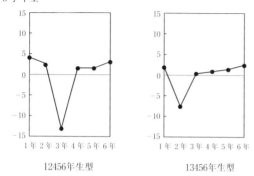

12456年生型   13456年生型

図3.3-1(7) 算数の変化パターンごとの各学年の変換得点（縦軸）の平均値

表3.3-2 平均値に基づく変化パターンの分布（国語）

学年型	年生型	度数	%	学年型	年生型	度数	%	学年型	年生型	度数	%
1	1	1	0.2		126	19	3.1		1346	9	1.5
	3	1	0.2		134	11	1.8		1356	8	1.3
	4	4	0.7		135	6	1.0		1456	17	2.8
	5	2	0.3		136	11	1.8		2345	3	0.5
	6	2	0.3		145	6	1.0		2346	11	1.8
					146	20	3.3		2356	5	0.8
2	12	11	1.8		156	17	2.8		2456	21	3.4
	13	3	0.5		234	28	4.6		3456	25	4.1
	14	10	1.6		235	8	1.3				
	15	5	0.8		236	6	1.0	5	12345	1	0.2
	16	3	0.5		245	9	1.5		12346	3	0.5
	23	5	0.8		246	22	3.6		12456	4	0.7
	24	9	1.5		256	19	3.1		13456	1	0.2
	25	2	0.3		345	11	1.8		23456	1	0.2
	26	7	1.1		346	22	3.6				
	34	15	2.4		356	11	1.8				
	35	2	0.3		456	60	9.8				
	36	6	1.0								
	45	8	1.3	4	1234	9	1.5				
	46	26	4.2		1235	2	0.3				
	56	18	2.9		1236	9	1.5				
					1245	7	1.1				
3	123	11	1.8		1246	9	1.5				
	124	13	2.1		1256	5	0.8				
	125	7	1.1		1345	6	1.0				

第3章 児童期における学力の発達的変化の検討　61

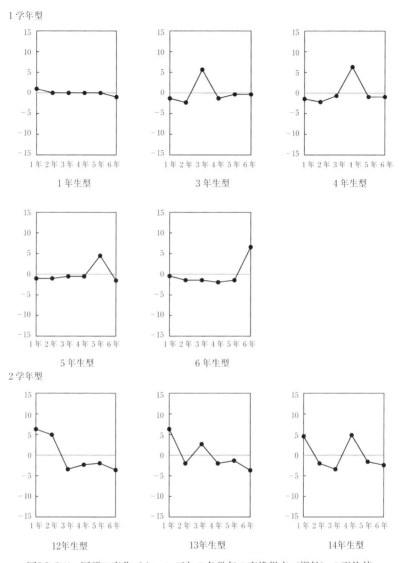

図3.3-2(1)　国語の変化パターンごとの各学年の変換得点（縦軸）の平均値

(2学年型の続き)

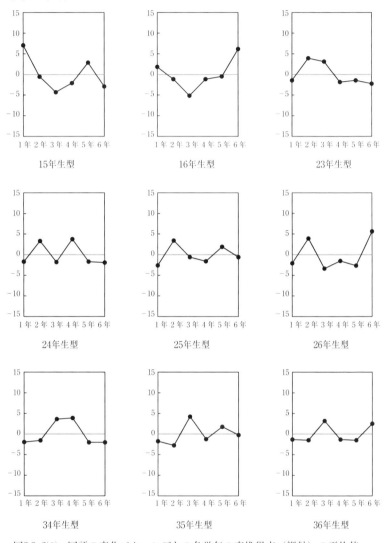

図3.3-2(2) 国語の変化パターンごとの各学年の変換得点（縦軸）の平均値

第3章 児童期における学力の発達的変化の検討　63

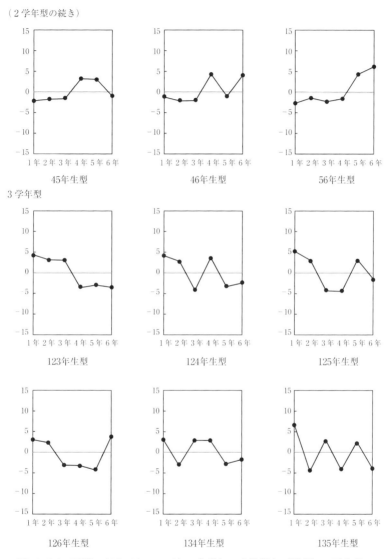

図3.3-2(3)　国語の変化パターンごとの各学年の変換得点（縦軸）の平均値

（3学年型の続き）

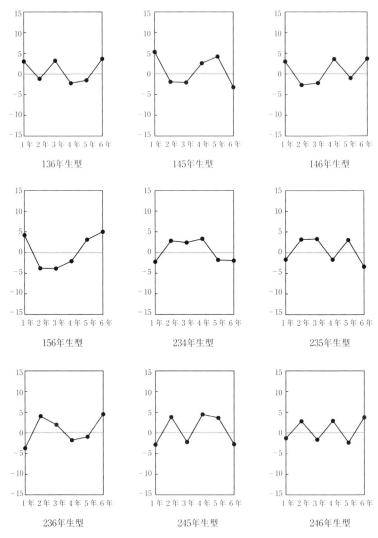

図3.3-2(4) 国語の変化パターンごとの各学年の変換得点（縦軸）の平均値

(3学年型の続き)

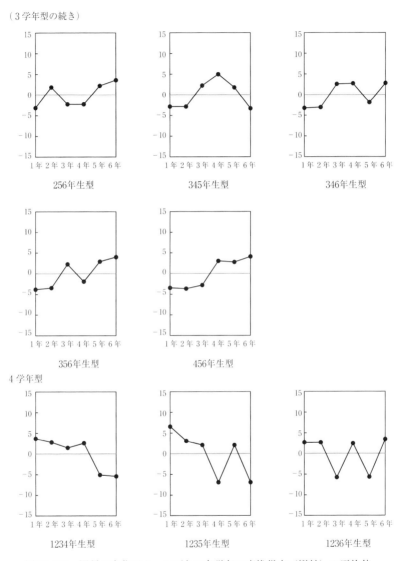

図3.3-2(5) 国語の変化パターンごとの各学年の変換得点(縦軸)の平均値

(4学年型の続き)

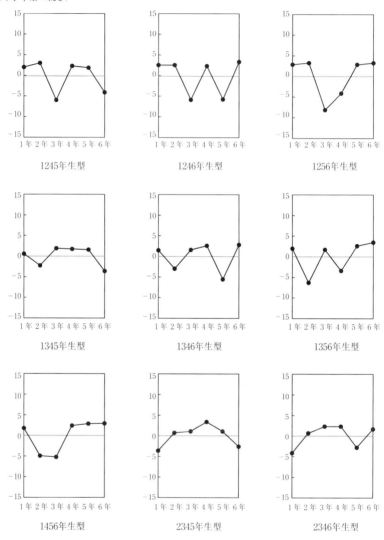

図3.3-2(6) 国語の変化パターンごとの各学年の変換得点（縦軸）の平均値

第3章 児童期における学力の発達的変化の検討   67

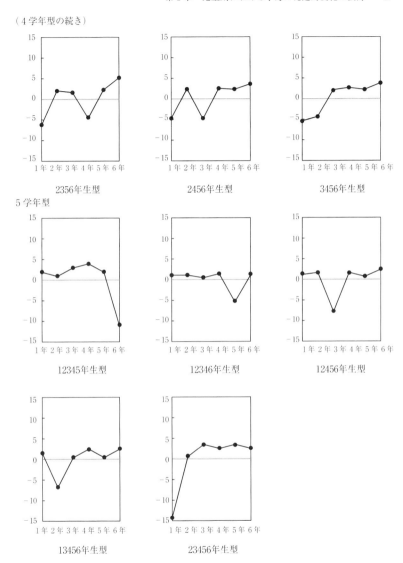

図3.3-2(7) 国語の変化パターンごとの各学年の変換得点（縦軸）の平均値

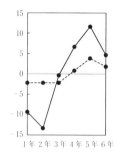

図3.3-3　同じ学年型でも形状の異なる2つのプロフィールの例（縦軸は変換得点）

(2)プロフィールの形状に基づく変化パターン

　各個人の変換得点を，学年を無視して大きい順に並べ換え，隣接する変換得点どうしの変化が最も大きい点に注目し，それがn番目とn+1番目であれば，n学年型とした（上記(1)での学年型との区別するために，nは丸数字で表記する）。例えば，図3.3-4は，図3.3-3の学年を変換得点の大きい順に並べ替えたものであるが，実線で示した例は，4番目と5番目の間の変化量が最も大きいので④学年型となる。一方，点線で示した例は，3番目と4番目の間の変化量が最も大きいので③学年型となる。

　まず，識別不可能なレンジを特定するために，各学年型における隣接する変換得点の差を求めた（表3.3-3）。最も大きい変化は，算数，国語ともに5

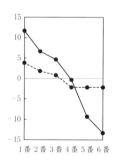

図3.3-4　プロフィールの形状に基づく変化パターンの学年型の例（縦軸は変換得点）

表3.3-3 各学年型の隣接する変換得点の差の平均値（M）と標準偏差（SD）

教科	学年型		1・2	2・3	3・4	4・5	5・6
算数	①学年型	M	6.14	1.48	1.54	1.81	2.10
	($N=200$)	SD	2.91	1.33	1.41	1.47	1.71
	②学年型	M	1.47	4.65	1.55	1.53	2.08
	($N=88$)	SD	1.15	2.06	1.29	1.41	1.74
	③学年型	M	2.04	1.44	5.52	1.53	2.27
	($N=94$)	SD	1.85	1.36	2.93	1.30	2.13
	④学年型	M	2.12	1.86	1.62	5.74	2.15
	($N=84$)	SD	1.75	1.67	1.49	3.21	1.74
	⑤学年型	M	2.31	1.90	1.60	1.84	7.48
	($N=147$)	SD	1.90	1.62	1.31	1.59	3.64
国語	①学年型	M	4.18	1.23	1.40	1.43	1.71
	($N=175$)	SD	2.30	1.41	1.33	1.29	1.57
	②学年型	M	1.24	4.05	1.15	1.45	1.63
	($N=99$)	SD	1.28	2.12	1.33	1.30	1.34
	③学年型	M	1.21	1.12	3.74	1.21	1.47
	($N=73$)	SD	1.24	1.05	1.89	1.00	1.47
	④学年型	M	1.76	1.50	1.11	5.05	1.96
	($N=96$)	SD	1.40	1.49	1.00	2.29	1.86
	⑤学年型	M	1.76	1.51	1.34	1.31	5.66
	($N=170$)	SD	1.84	1.23	1.16	1.20	2.66

注）1行目の2組の数字はn番目とn+1番目を表す。

前後（表3.3-3の網掛けした数値）であり，また，その他の変化も約1.5程度であった。したがって，1番目の学年時と6番目の学年時の差は，おおむね1.5×5＝7.5程度あり，各学年型のもっとも大きい変化を考慮すれば，約10程度のレンジとなり，それ以下の場合は，変化が明確に識別できない可能性がある。そこで，レンジ10以下の場合は，変化がほとんどない「一定型」と分類することとした。一定型は，算数で200名（32.6％），国語で359名（58.6％）であった。

次に，最大変化部分を特定するために，平均値による変化パターンの学年型と，プロフィールの形状に基づく変化パターンの学年型を組み合わせ，そ

のプロフィールをみた。その際，例えば，平均値による変化パターンが2学年型，プロフィールの形状に基づく変化パターンが①学年型の場合，2-①型とした。

図3.3-5は算数の各学年型のプロフィールである。これらの形状の類似性から，次のように再分類した。

 a．1学年上位型：1番目から2番目で急落し，それ以降はゆるやかに下降するパターンである。これは，特定の1学年の学力が他に比べ著しく高い場合であり，1-①型，2-①型，3-①型が該当する。4-①型も，4番目と5番目の落差がやや大きいが，1番目と2番目の落差の方が大きいので，このパターンとする。

 b．2学年上位型：1番目と2番目がほぼ横ばいで，2番目から3番目で急落し，それ以降はゆるやかに下降するパターンである。これは，特定の2学年の学力が他の学年に比べ著しく高い場合であり，2-②型，2-⑤型，3-②型が該当する。

 c．3学年折半型：1番目から3番目はゆるやかに下降し，3番目から4番目にかけ急落し，それ以降は再びゆるやかに下降する。これは，学力が上昇する学年と低下する学年が3学年ずつに分かれる場合であり，3-③型が該当する。

 d．2学年下位型：1番目から4番目はゆるやかに下降し，4番目から5番目で急落し，5番目から6番目はほぼ横ばいのパターンである。これは，特定の2学年の学力が他に比べて著しく低い場合であり，3-④型，4-④型が該当する。

 e．1学年下位型：1番目〜5番目まではゆるやかに下降し，5番目と6番目で急落するパターンである。これは，特定の1学年の学力が他に比べて著しく低い場合であり，3-⑤型，4-⑤型，5-⑤型が該当する。

第3章 児童期における学力の発達的変化の検討　71

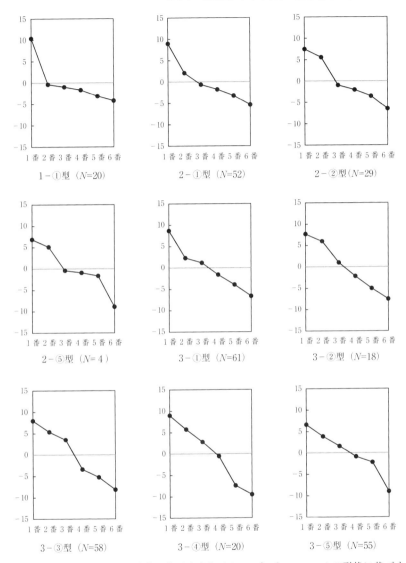

図3.3-5(1)　算数における平均値に基づく変化パターンとプロフィールの形状に基づく変化パターンの組合せによる変換得点（縦軸）の平均値

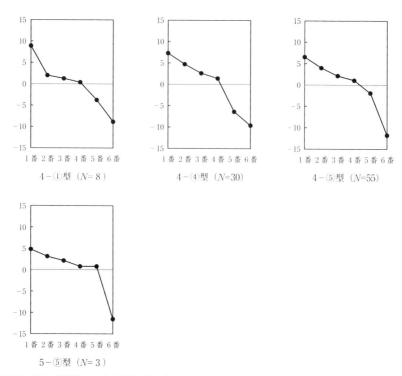

図3.3-5(2) 算数における平均値に基づく変化パターンとプロフィールの形状に基づく変化パターンの組合せによる変換得点（縦軸）の平均値

　図3.3-6は国語の各学年型のプロフィールである。形状の類似性から，再分類した。その結果，算数と同様に，次の5つのパターンに再分類された。
　a．1学年上位型：1-①型，2-①型，3-①型，4-①型。
　b．2学年上位型：2-②型，3-②型。
　c．3学年折半型：3-③型。
　d．2学年下位型：2-④型，3-④型，4-④型。
　e．1学年下位型：2-⑤型，3-⑤型，4-⑤型，5-⑤型。
　以上，再分類された学年型に学年の情報を組み合わせて，最終的な変化パ

第 3 章　児童期における学力の発達的変化の検討　73

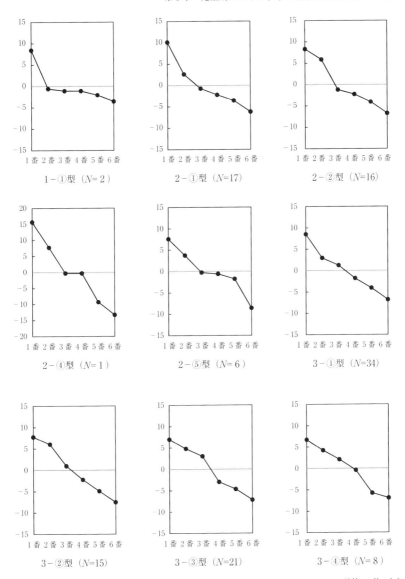

図3.3-6(1)　国語における平均値に基づく変化パターンとプロフィールの形状に基づく変化パターンの組合せによる変換得点（縦軸）の平均値

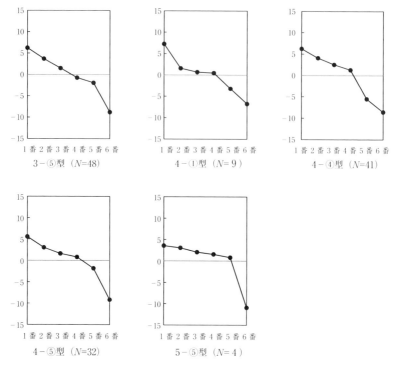

図3.3-6(2) 国語における平均値に基づく変化パターンとプロフィールの形状に基づく変化パターンの組合せによる変換得点（縦軸）の平均値

ターンとした。

(3) 典型的な変化パターンの同定

　前項において再分類された学年型に学年の情報を組み合わせた最終的な変化パターンの度数を集計した。一定型を含めると，算数では50，国語では46のパターンが見られた。表3.3-1，表3.3-2に示した平均値に基づく変化パターンでは，算数は53，国語は60であり，それらよりも少ないパターンに収束した。また，各パターンの度数を集計すると，度数が10未満のパターンが，算

数では37，国語では38に上った。そこで，相対度数の多い順にパターンを並べ，それをプロットした。

図3.3-7は，算数の各パターンの相対度数を示したものである（ただし，著しく割合の多かった一定型は除く。国語も同）。なお，図中の横軸には，各パターンの学年型の略称を付記しており，例えば，1上・5とは，1学年上位・5年生型の略で，5年生時のみの学力が他の学年時よりも高いパターンのことである。相対度数の減衰状況から，2下・12まで（グラフの点線部分）を比較的度数が集中したパターンとみなした。一定型を含めるとここまでのパターン数は，10パターンであった。累積相対度数は74.2%であり，算数の学力の変化パターンは，これらの10パターンにおおむね収束するとみなせる。

図3.3-8は，国語の各パターンの相対度数を示したものである。算数と同様に，相対度数の減衰状況から，1下・5まで（グラフの点線部分）を比較的度数が集中したパターンとみなした。一定型を含めるとここまでのパターン数は，算数と同じく10パターンであった。累積相対度数は82.1%であり，国語の学力の変化パターンは，これらの10パターンにおおむね収束するとみなせる。

以上の度数が比較的集中するパターンを典型的な変化パターンとした。一定型を除いた，算数におけるそれぞれのプロフィールを図3.3-9に，国語におけるそれぞれのプロフィールを図3.3-10に示した。一定型のプロフィールは，図3.3-11に示した。

なお，各典型パターンの男女差をみると，算数では人数の偏りが有意であった（$\chi^2(10)=24.31$, $p<.01$）。残差分析の結果，2学年上位・56年生型では男子の割合が，1学年下位・6年生型では女子の割合が有意に多かったが，その他のパターンには有意差は見られなかった。国語では人数の偏りは有意でなかった。

さらに，低学年と高学年の変化に着目すると，大きく2つのグループに分かれた。図3.3-9で示した算数の典型パターンのうち，3学年折半・456年生

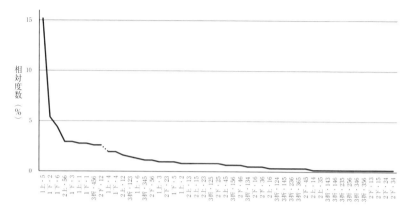

図3.3-7　算数の各最終パターンの相対度数

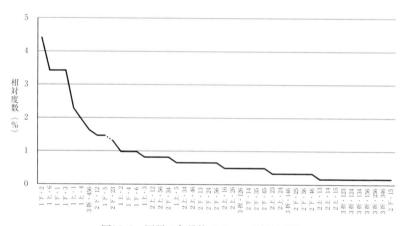

図3.3-8　国語の各最終パターンの相対度数

型，2学年下位・12年生型，1学年下位・2年生型，1学年下位・3年生型，1学年下位・1年生型の5つのパターンは，1年生〜3年生までのいずれかの学年時において学力が低下するが，4年生以降は回復し，そのままの水準で6年生まで推移する（図3.3-12のa）。一方，1学年上位・5年生型，2学年上位・56年生型，1学年下位・6年生型の3つのパターンは1年生〜4年生まではほぼ一定であるが，5年生以降，著しい変化がある（図3.3-12

第 3 章　児童期における学力の発達的変化の検討　　77

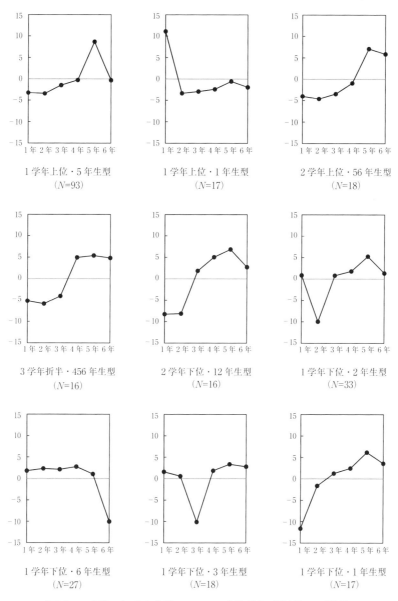

図3.3-9　算数における典型パターンの変換得点（縦軸）の平均値

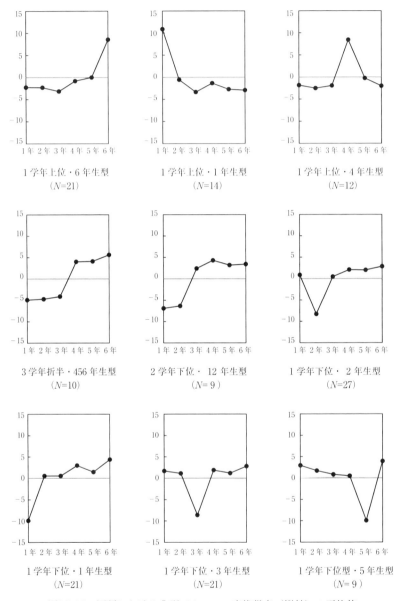

図3.3-10　国語における典型パターンの変換得点（縦軸）の平均値

第3章　児童期における学力の発達的変化の検討　79

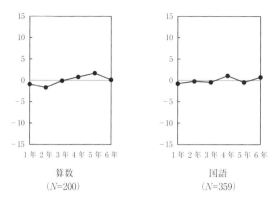

算数　　　　　　　　　　　国語
(N=200)　　　　　　　　　(N=359)

図3.3-11　一定型の変換得点（縦軸）の平均値

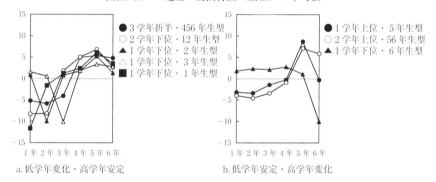

a. 低学年変化・高学年安定　　　　　b. 低学年安定・高学年変化

図3.3-12　算数における低学年と高学年の変化からみた典型パターンの分類

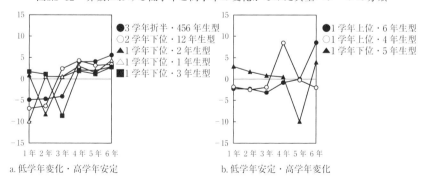

a. 低学年変化・高学年安定　　　　　b. 低学年安定・高学年変化

図3.3-13　国語における低学年と高学年の変化からみた典型パターンの分類

のb)。

　算数と同様に，図3.3-10で示した国語の典型パターンのうち，3学年折半・456年型，2学年下位・12年生型，1学年下位・2年生型，1学年下位・1年生型，1学年下位・3年生型の5つのパターンは，3年生まではいずれかの学年時に低下するが，4年生以降は回復し，そのままの水準を維持する（図3.3-13のa）。一方，1学年上位・6年生型，1学年上位・4年生型，1学年下位・5年生型の3つのパターンは3年生までは安定しているが，4年生以降，著しい変化がある（図3.3-13のb）。

3.3.4　考察

　本節では，山田（1990）の方法を応用することによって，算数，国語の6年間にわたる学力の変化パターンの類型化を試みた。その結果，算数，国語ともに典型的なパターンとして，10パターンを見出すことができた。さらに，この10パターンのうち，一定型（図3.3-11）と1学年上位・1年生型を除いた8パターンは，低学年に変化し，高学年は安定するパターンと，逆に，低学年は安定し，高学年に変化するパターンの2つのグループに分けることができた。かくして，予想通り，小学校6年間の学力の発達的変化には多様な変化パターンが混在することが確認された。なお，典型的な10パターンの性別による人数を比較すると，算数の2パターンで有意差が見られたが，いずれも比較的人数の少ないパターンであった。このことから，男女差はほとんどないと考えられる。

　算数，国語ともにもっとも多かったのは，偏差値の変動幅のレンジが10以内である一定型であった。ただし，算数では32.6%，国語では58.6%であり，国語の方が算数よりも変化しない者が多かった。この傾向は先行研究（Nakajima, 1969；丹藤，1989）と一致した。このことから，算数と国語では割合が異なるものの，藤田（1995）が指摘した学業成績固定化傾向は，相当数の児童において生じると考えられる。

学力が変化したパターンのうち，国語と算数で共通していたパターンは，1学年上位・1年生型のパターンと低学年変化・高学年安定に分類された5パターンであった。このうち，1学年上位・1年生型において見られる1年時の学力の著しい高さは，おそらくは，小学校受験時の勉強による成果であったと推測される。受験勉強によって自分の平均的な学力水準よりも一時的に高くなったが，その成果は1年で消失し，2年時以降は本来の学力水準を戻ったのではないだろうか。この意味では，1学年上位・1年生型は，一定型の特殊ケースとして分類すべきかもしれない。

　低学年変化・高学年安定は，算数，国語ともに，1年生～3年生のいずれかの学年時に学力を落とすが，4年生以降回復し，その水準を3年間維持するパターンである。これまで，算数，国語は3年生から4年生にかけて学習遅滞が著しく増加することが報告され（天野・黒須，1992；諸田，2004)，いわゆる「9歳あるいは10歳の壁」の根拠としても引用されてきた（藤村，2011；黒田，2013など）。しかしながら，本研究の結果はこうした従来の知見とは異なり，算数では100名（16.3%)，国語では88名（14.4%）の児童が4年生以降，学力を向上させ，6年生まで維持した。渡辺（2011）は，9歳，10歳は「峠」「壁」などネガティブに捉えられてきたが，発達上は，質的に「飛躍」できる年齢である可能性を指摘している。本研究はこの主張を支持するものであった。

　一方，低学年安定・高学年変化に分類された変化パターンをみると，算数と国語ではその様相が異なっていた。算数では，4年生から5年生で学力が著しく上昇するが，6年生でもその水準が維持される2学年上位・56年生型，4年生の水準まで急落する1学年上位・5年生型，5年生まではほぼ一定の水準で推移するが，6年時に著しく学力を低下させる1学年下位・6年生型，の3つのパターンが見られた。第2章でも述べたように，研究協力校の児童はほぼ全員が私立中学の受験をする。2学年上位・56年生型と1学年上位・5年生型における5年時の学力の著しい上昇はそうした受験勉強の影

響によるものと考えられる。そして、2学年上位・56年生型が18名であるのに対して、1学年上位・5年生型は93名であることから、受験勉強による一時的な学力向上の効果は、短期間で消失しやすい可能性がある。あるいは、6年時の学力が著しく下がるのは、6年時のテストの実施時期が、中学受験がおおむね終了した2月であることから、学習動機づけが低下したからかもしれない。そして、1学年下位・6年生型における6年時の学力の著しい低下も同様の理由ではないだろうか。いずれも推測の域でしかないので、これ以上の追及は差し控えたいが、前述した1学年上位・1年生型の場合も含め、受験勉強が児童の学力の発達的変化にどのように影響し、その影響力がどのくらい持続するかについては、今後検討すべき課題である。

一方、国語においては、4年時、6年時でのみ著しく学力が上昇する1学年上位・4年生型、1学年上位・6年生型、5年時でのみ著しく低下する1学年下位・5年生型、の3つのパターンが見られた。特定の学年で生じた一時的な状態であること、また、それ以外の学年の学力はほぼ一定である点では共通しており、おそらくは、当該学年において、そうした状態を作り出す何らかの固有要因があると考えられる。例えば、研究協力校では漢字検定を定期的に実施しており、その対策のための勉強による影響などである。これについても、今後の検討課題である。

以上の通り、各パターンが生起する理由については、現段階では結論づけることはできない。しかし、本節の結果からは、学業成績が固定化される児童がいる一方で、特定の変化パターンを踏んで固定化されない児童も一定数いることが明らかにされた。

3.4　本章のまとめ

本章では、児童における学力の発達的変化について検討した。3.1では、小学校6年間の学力の因子構造が、算数、国語ともに3因子構造であること

を明らかにした。3.2では，小学校6年間の学力の平均的な変化の特徴を明らかにするとともに，多様な変化のパターンがある可能性を示した。3.3では，小学校6年間の学力の発達的変化の典型的なパターンを明らかにした。

1.4.1で述べた通り，先行研究からは，次のことが示唆されてきた。

①小学校6年間における国語，算数の学力は，学年間の相関は0.5〜0.8程度で比較的強く，とくに隣接学年間で強くなる。また，因子構造は3因子の可能性がある。

②国語，算数の学力水準は6年間安定している者が多いが，一定の割合で変動する者がいる。そうした変動の分岐点は，4，5年生頃と考えられる。また，国語よりも算数で変動が生じやすい。

③学力の男女差をみると，国語においては女子の方が男子よりも高い。

④算数と国語の関連性は高学年になるほど強くなる傾向にある。

以上のうち，①については3.1で，②については3.3で，③，④については3.2で検討され，いずれも先行研究を支持する結果であった。

先行研究には無い新たな知見としては，3.2において，潜在曲線モデルのあてはまりが良好でないことから，小学校の6年間の学力の発達的変化には多様なパターンが混在することを予想し，3.3において，予想通り，学力の発達的変化には，複数の典型的なパターンがあることを明らかにしたことである。

こうした典型的なパターンの存在は，3.1で明らかにした学力の3因子構造と整合する。6年間を通して算数，国語の学力の変化の少ない一定型の児童が相当数いることは，3つの因子間相関が非常に強いことからも十分に予想される。一方，低学年と高学年で学力の発達的変化が対照的になる児童も一定数いることは，両者の学力を支配する因子が異なることによって説明できよう。

かくして，本章を通して，小学校6年間の学力の発達的変化を説明する一貫した知見を提出した。

第4章　児童期の学力変化を規定する諸要因の検討

本章では，1.3で述べた知能，性格，動機づけ，学習コンピテンス，学習方略，親の期待と，学力との関連性についてそれぞれ検討する。

4.1　知能と学力の関連性の分析[4]

4.1.1　目的

本節では，1.4.2の(1)でレビューした先行研究を踏まえ，次の3つについて検討する。

第1は，知能の発達的な動揺性（八野，1981）として，小学校6年間においては学年進行に伴い知能偏差値が上昇する傾向（中島，1968；松崎，2009）が見られているが，それについて検証する。

第2は，算数，国語の学力と知能の相関関係の発達的変化として，小学校6年間においては学年進行に伴い相関係数が高くなる傾向（中島，1966）が見られているが，それについて検証する。また，丹藤（1989, 1992），松崎（2009）で示唆された時期の異なる学力と知能の影響関係についても検討する。

第3は，これまでほとんど検討されてこなかった知能水準から予測される学力を示さないアンダーアチーバー（以下，UA）と，知能水準から予測される以上の学力を示すオーバーアチーバー（以下，OA）の発達的変化について検討する。

---

[4]　都築・相良・宮本・家近・松山・佐藤（2013），都築・相良・宮本・家近・松山・佐藤（2014）の担当部分と，宮本・倉元（2015）を新たな観点のもと再分析し，加筆・修正したものである。

4.1.2　方法

分析対象　表2.2-1で示した全サンプルのうち，6年間の算数と国語の学力データ及び知能検査データに欠損値のない者を選定した。その結果，194名（男子88名，女子106名）を分析対象とした。

学力の測定尺度　研究協力校が毎年2月に実施してきた「教研式標準学力検査NRT」の国語と算数の結果（全国基準による偏差値）を利用した。

知能の測定尺度　調査協力校が毎年4月に実施してきた「教研式新学年別知能検査サポート」の結果を使用した。得点は，全国基準による偏差値（平均50，標準偏差10）に換算され，また，知能偏差値から期待される各教科の学力偏差値も算出される。

回帰成就値の算出方法とUAとOAの定義　上記の学力偏差値と，知能偏差値から期待される学力偏差値との差を，回帰成就値（新成就値）とした。「教研式標準学力検査NRT」の手引きに従い，新成就値が－8以下をUA，－7～＋7をバランスドアチーバー（知能と学力のバランスがとれている。以下，BA），＋8以上をOAとした。

4.1.3　結果

(1)知能の発達的変化

表4.1-1は，男女別に各学年時の知能偏差値の平均値と標準偏差を示したものである。性別×学年による2要因の分散分析を行った結果，学年の主効果のみが有意であった（$F(5,960)=83.38, p<.01$）。多重比較によれば，連続する学年間では，2年と3年の間以外は有意差が認められた。図4.1-1に示す通り，1年～4年にかけて漸次的に上昇，4年～5年で有意に低下，5年～6年で有意に上昇した。6年は4年よりも有意に高く，もっとも高い値であった。

表4.1-1　男女別の各学年時における知能偏差値の平均値（M）と標準偏差（SD）

		1年	2年	3年	4年	5年	6年
男子	M	54.05	56.06	56.85	61.33	58.84	64.76
$N=88$	SD	9.86	9.77	9.95	12.88	10.38	11.92
女子	M	55.25	56.92	57.90	61.96	59.26	65.52
$N=106$	SD	10.06	8.02	8.80	10.54	9.95	10.35

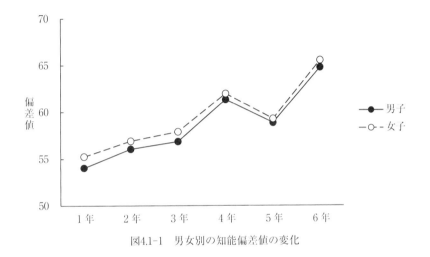

図4.1-1　男女別の知能偏差値の変化

(2) 知能と学力の相関

　知能，算数，国語の各偏差値相互の関連性をみるために，男女別に各学年時の相関係数を算出した（表4.1-2）。知能偏差値と，算数偏差値，国語偏差値の間には，男女ともに全学年時で有意な正の相関が見られた。各学年時での相関の強さは，性別・教科に関わらずほぼ同程度あった。また，学年進行に伴う変化のパターンも同様で，図4.1-2に示す通り，3年以降，相関は強まるようであった。さらに，算数偏差値と国語偏差値の相関は，性別にかかわらず6年間一貫して0.6以上で推移し，比較的強かった。

　以上から，性別，教科で顕著な差が見られなかったので，以下の分析では男女を込みにし，学力は算数偏差値と国語偏差値の平均値とした。

表4.1-2　男女別の各学年時における知能偏差値，算数偏差値，国語偏差値の相関

		1年	2年	3年	4年	5年	6年
男子 $N=88$	知能と算数	.391**	.471**	.675**	.712**	.789**	.712**
	知能と国語	.577**	.536**	.700**	.764**	.722**	.703**
	算数と国語	.610**	.768**	.736**	.834**	.824**	.842**
女子 $N=106$	知能と算数	.530**	.392**	.670**	.670**	.748**	.753**
	知能と国語	.459**	.435**	.684**	.676**	.744**	.743**
	算数と国語	.736**	.760**	.730**	.751**	.787**	.790**

$**p<.01$

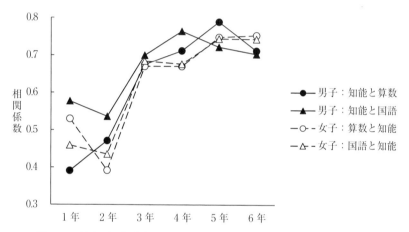

図4.1-2　男女別の知能偏差値と算数偏差値，国語偏差値との相関の変化

　丹藤（1989，1992）で示唆された学力に及ぼす知能と過去の学力の影響を検討するために，各学年の学力偏差値（2年生以上）と同学年の知能偏差値，前学年の学力偏差値の相関を算出した。その結果，表4.1-3に示す通り，すべての学年の学力偏差値と同学年の知能偏差値及び前学年の学力偏差値との間には有意な正の相関が見られた。これに基づき，各学年の学力偏差値を従属変数，同学年の知能偏差値と前学年の学力偏差値を独立変数にして重回帰分析を行った。なお，多重共線性の確認のため，独立変数間の相関と各独立変数のVIF（Variance Inflation Factor）を算出した。VIFが5を超える場合，

多重共線性が疑われる（山際・服部, 2016）。付録3の付表3-1に示した通り，各学年の知能偏差値と前学年の学力偏差値の間には有意な正の比較的強い相関が見られたが，付表3-2に示した通り，VIFはすべて5未満であった。よって，多重共線性を考慮した解釈を行う必要はないと判断した。

標準偏回帰係数（β）を見ると，表4.1-4に示した通り，いずれの学年の学力偏差値に対しても，同学年の知能偏差値と前学年の学力偏差値が有意な正の影響を及ぼしたが，前学年の学力偏差値の方が，同学年の知能偏差値よりも影響力は強かった。

また，松崎（2009）で示唆された知能に及ぼす学力の影響を検討するために，各学年の知能偏差値と前学年の知能偏差値，学力偏差値との相関を算出した。その結果，表4.1-5に示す通り，すべての学年の知能偏差値と前学年の知能偏差値及び学力偏差値との間に有意な正の相関が見られた。これに基づき，各学年の知能偏差値を従属変数，前学年の知能偏差値と学力偏差値を独立変数にした重回帰分析を行った。なお，付録3の付表3-3に示した通り，各学年の前学年時の知能偏差値と学力偏差値の間には有意な正の比較的

表4.1-3　各学年の学力偏差値と同学年の知能偏差値，前学年の学力偏差値の相関

	2年	3年	4年	5年	6年
同学年の知能偏差値	.492**	.734**	.746**	.791**	.762**
前学年の学力偏差値	.780**	.835**	.891**	.904**	.861**

**$p<.01$

表4.1-4　各学年の学力偏差値を従属変数，同学年の知能偏差値と前学年の学力偏差値を独立変数にした重回帰分析の結果

	2年 β	3年 β	4年 β	5年 β	6年 β
同学年の知能偏差値	.116*	.312**	.145**	.243**	.226**
前学年の学力偏差値	.719**	.624**	.779**	.718**	.684**
自由度調整済み R^2	.614**	.748**	.800**	.839**	.759**

*$p<.05$，**$p<.01$

表4.1-5　各学年の知能偏差値と前学年の知能偏差値，学力偏差値との相関

	2年	3年	4年	5年	6年
前学年の知能偏差値	.617**	.608**	.817**	.799**	.832**
前学年の学力偏差値	.523**	.676**	.772**	.764**	.783**

**$p<.01$

表4.1-6　各学年の知能偏差値を従属変数，前学年の知能偏差値と
　　　　　学力偏差値を独立変数にした重回帰分析の結果

	2年 β	3年 β	4年 β	5年 β	6年 β
前学年の知能偏差値	.472**	.364**	.543**	.516**	.568**
前学年の学力偏差値	.268**	.497**	.374**	.379**	.333**
自由度調整済み R^2	.426**	.552**	.729**	.698**	.731**

**$p<.01$

強い相関が見られたが，付表3-4に示した通り，VIFはすべて5未満であった。よって，多重共線性を考慮した解釈を行う必要はないと判断した。

　標準偏回帰係数（β）を見ると，表4.1-6に示した通り，いずれの学年の知能偏差値に対しても，前学年の知能偏差値と学力偏差値が有意な正の影響を及ぼしたが，3年生を除き，知能偏差値の方が学力偏差値よりも影響力は強かった。

(3) UA，BA，OAの発達的変化
①全体的な傾向

　まず，教科ごとに各学年のUA，BA，OAの人数を集計した。図4.1-3は算数，図4.1-4は国語の各学年での割合を示したものである。

　それぞれ，学年ごとにχ^2検定を行った。その結果，表4.1-7に示す通り，算数，国語ともに全学年で人数の偏りは有意であった。ライアンの名義水準を使用した多重比較を行ったところ，5年の算数以外，国語，算数ともに全学年でBAがUA，OAよりも有意に多かった。5年ではOAとBAの差が

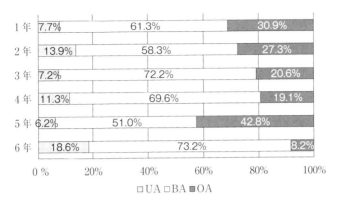

図4.1-3　算数における各学年のUA，BA，OAの割合（$N=194$）

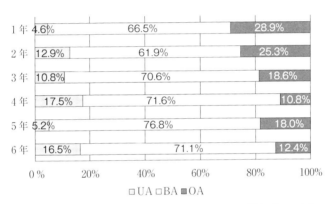

図4.1-4　国語における各学年のUA，BA，OAの割合（$N=194$）

有意ではなかった。UAとOAの差についてみると，算数においては，1年〜3年，及び，5年でOAがUAよりも有意に多かったが，4年ではUAとOAに有意差はなく，6年ではUAがOAよりも有意に多かった。国語では，1，2年ではOAがUAよりも有意に多く，3，4年では有意差は見られなかった。5年では再びOAがUAよりも有意に多くなるが，6年では有意差は見られなかった。

なお，男女差をみると，算数の5年時のみで人数の偏りが有意であった

表4.1-7　UA／BA／OAの割合の有意差検定の結果

学年	算数 χ²値（df=2）	多重比較の結果	国語 χ²値（df=2）	多重比較の結果
1年	84.14**	UA＜OA＜BA	113.09**	UA＜OA＜BA
2年	61.69**	UA＜OA＜BA	75.48**	UA＜OA＜BA
3年	136.88**	UA＜OA＜BA	123.12**	UA＝OA＜BA
4年	116.50**	UA＝OA＜BA	129.49**	UA＜OA＜BA
5年	66.33**	UA＜OA＝BA	169.82**	UA＜OA＜BA
6年	141.83**	OA＜UA＜BA	125.25**	UA＝OA＜BA

**p＜.01

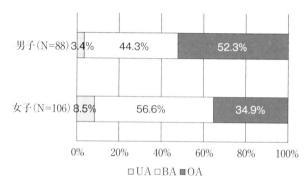

図4.1-5　算数の5年時におけるUA, BA, OAの割合の男女差

（$\chi^2(2)=6.82, p<.05$）。残差分析の結果，図4.1-5に示す通り，男子ではOAが有意に多く，女子では有意に少なかった。

②隣接学年間での変化

表4.1-8は，隣接学年間のUA, BA, OAの変化パターンの割合を示したものである。全体的にみると，算数，国語ともに，UAからBA, OAからBAに変化する者，あるいは，BAのままの者が多かった。算数では，相対的に，1年→2年でUAのままの者（60.0％），4年→5年でUAからOAに変化する者（18.2％），BAからかOAに変化する者（45.2％），5年→6年で

表4.1-8 隣接学年間ごとのUA, BA, OAの変化パターンの割合（％）

	前年時	\multicolumn{4}{c|}{UA}	\multicolumn{4}{c|}{BA}	\multicolumn{4}{c}{OA}
	次年時	N	→UA	→BA	→OA	N	→UA	→BA	→OA	N	→UA	→BA	→OA
算数	1年→2年	15	60.0	33.3	6.7	119	12.6	65.5	21.8	60	5.0	51.7	43.3
算数	2年→3年	27	25.9	66.7	7.4	114	6.1	75.4	18.4	53		67.9	32.1
算数	3年→4年	14	35.7	57.1	7.1	140	12.1	70.7	17.1	40		70.0	30.0
算数	4年→5年	22	27.3	54.5	18.2	135	3.7	51.1	45.2	37	2.7	48.6	48.6
算数	5年→6年	12	58.3	33.3	8.3	99	20.2	70.7	9.1	83	10.8	81.9	7.2
国語	1年→2年	9	11.1	88.9		129	14.7	64.3	20.9	56	8.9	51.8	39.3
国語	2年→3年	25	24.0	76.0		120	11.7	68.3	20.0	49	2.0	73.5	24.5
国語	3年→4年	21	28.6	57.1	14.3	137	19.0	73.0	8.0	36	5.6	75.0	19.4
国語	4年→5年	34	20.6	76.5	2.9	139	2.2	79.1	18.7	21		61.9	38.1
国語	5年→6年	10	40.0	50.0	10.0	149	17.4	72.5	10.1	35	5.7	71.4	22.9

BAからUAに変化する者（20.2％）が多かった。国語では，4年→5年でBAからUAに変化する者（2.2％）が著しく少なかった。

③6年間の変動パターン

　6年間のUA，BA，OA相互の変化パターンをみると，算数は92パターン，国語は84パターンであった。理論的には$3^6=729$パターンであるので，出現率は，算数では12.6％，国語では11.5％であった。

　表4.1-9は算数の92パターンを，表4.1-10は国語の84パターンを，BA，OA，UAの学年数が同じものごとに並べ替えた上で，各パターンの度数と％を示したものである。算数，国語ともにBA，OA，UAは同数であっても，どの学年でそれらが生じるかは多様であった。個々のパターンは，算数では，「6年間すべてBA」17名（8.8％）がもっとも多く，次いで「5年時にOA，それ以外はBA」13名（6.7％），「6年時にUA，それ以外はBA」8名（4.1％），「1年時，5年時がOA，それ以外はBA」8名（4.1％）であった。それ以降は4％未満であった。国語では，「6年間すべてBA」28名（14.4％）

表4.1-9 算数における6年間のUA, BA, OAの変化パターンの度数と%

1年	2年	3年	4年	5年	6年	BA数	OA数	UA数	度数	%
BA	BA	BA	BA	BA	BA	6	0	0	17	8.8
BA	BA	BA	BA	BA	UA	5	0	1	8	4.1
BA	BA	BA	BA	UA	BA	5	0	1	2	1.0
BA	BA	BA	UA	BA	BA	5	0	1	2	1.0
BA	BA	UA	BA	BA	BA	5	0	1	1	.5
BA	UA	BA	BA	BA	BA	5	0	1	1	.5
UA	BA	BA	BA	BA	BA	5	0	1	1	.5
BA	BA	BA	BA	BA	OA	5	1	0	3	1.5
BA	BA	BA	BA	OA	BA	5	1	0	13	6.7
BA	BA	BA	OA	BA	BA	5	1	0	4	2.1
BA	BA	OA	BA	BA	BA	5	1	0	4	2.1
BA	OA	BA	BA	BA	BA	5	1	0	3	1.5
OA	BA	BA	BA	BA	BA	5	1	0	5	2.6
BA	BA	BA	BA	UA	UA	4	0	2	1	.5
BA	BA	BA	UA	BA	UA	4	0	2	1	.5
BA	UA	BA	BA	BA	UA	4	0	2	2	1.0
BA	UA	BA	UA	BA	BA	4	0	2	1	.5
BA	UA	UA	BA	BA	BA	4	0	2	1	.5
UA	UA	BA	BA	BA	BA	4	0	2	3	1.5
BA	BA	BA	BA	OA	UA	4	1	1	5	2.6
BA	BA	BA	OA	BA	UA	4	1	1	1	.5
BA	OA	BA	BA	BA	UA	4	1	1	1	.5
BA	BA	BA	UA	BA	OA	4	1	1	1	.5
BA	BA	BA	OA	UA	BA	4	1	1	1	.5
BA	BA	OA	BA	UA	BA	4	1	1	2	1.0
BA	BA	UA	BA	OA	BA	4	1	1	2	1.0
BA	UA	BA	BA	OA	BA	4	1	1	1	.5
UA	BA	BA	BA	OA	BA	4	1	1	1	.5
BA	OA	BA	UA	BA	BA	4	1	1	1	.5
OA	BA	BA	UA	BA	BA	4	1	1	1	.5
UA	BA	OA	BA	BA	BA	4	1	1	2	1.0
BA	BA	BA	BA	OA	OA	4	2	0	1	.5
OA	BA	BA	BA	BA	OA	4	2	0	1	.5
BA	BA	OA	BA	OA	BA	4	2	0	2	1.0
BA	OA	BA	BA	OA	BA	4	2	0	7	3.6
OA	BA	BA	BA	OA	BA	4	2	0	8	4.1
BA	BA	OA	OA	BA	BA	4	2	0	1	.5
BA	OA	BA	OA	BA	BA	4	2	0	1	.5
OA	BA	BA	OA	BA	BA	4	2	0	1	.5
BA	OA	OA	BA	BA	BA	4	2	0	2	1.0
OA	BA	OA	BA	BA	BA	4	2	0	3	1.5
OA	OA	BA	BA	BA	BA	4	2	0	3	1.5
BA	BA	BA	UA	UA	UA	3	0	3	1	.5
BA	UA	BA	BA	UA	UA	3	0	3	1	.5
BA	UA	UA	BA	BA	UA	3	0	3	1	.5
UA	UA	BA	BA	BA	UA	3	0	3	2	1.0
BA	UA	BA	UA	UA	BA	3	0	3	1	.5

(表4.1-9の続き)

1年	2年	3年	4年	5年	6年	BA数	OA数	UA数	度数	%
BA	OA	BA	BA	UA	UA	3	1	2	1	.5
BA	UA	BA	BA	OA	UA	3	1	2	1	.5
UA	OA	BA	BA	BA	UA	3	1	2	1	.5
BA	BA	BA	UA	UA	OA	3	1	2	1	.5
OA	BA	UA	UA	BA	BA	3	1	2	1	.5
BA	UA	UA	OA	BA	BA	3	1	2	1	.5
UA	UA	BA	OA	BA	BA	3	1	2	1	.5
OA	BA	OA	BA	BA	UA	3	2	1	1	.5
BA	BA	UA	OA	OA	BA	3	2	1	1	.5
OA	BA	BA	UA	BA	OA	3	2	1	1	.5
UA	BA	BA	OA	BA	OA	3	2	1	1	.5
OA	OA	BA	UA	BA	BA	3	2	1	1	.5
OA	UA	OA	BA	BA	BA	3	2	1	1	.5
BA	BA	BA	OA	OA	OA	3	3	0	1	.5
OA	BA	BA	BA	OA	OA	3	3	0	1	.5
BA	BA	BA	OA	OA	OA	3	3	0	2	1.0
BA	OA	BA	OA	OA	BA	3	3	0	3	1.5
OA	BA	BA	OA	OA	BA	3	3	0	2	1.0
BA	OA	OA	BA	OA	BA	3	3	0	3	1.5
OA	BA	OA	BA	OA	BA	3	3	0	2	1.0
OA	OA	BA	OA	BA	BA	3	3	0	7	3.6
BA	OA	OA	OA	BA	BA	3	3	0	1	.5
OA	BA	OA	OA	BA	BA	3	3	0	1	.5
OA	OA	OA	BA	BA	BA	3	3	0	2	1.0
OA	OA	OA	BA	BA	BA	3	3	0	1	.5
BA	BA	UA	UA	UA	UA	2	0	4	1	.5
BA	UA	BA	UA	UA	UA	2	0	4	1	.5
OA	BA	BA	UA	UA	UA	2	1	3	1	.5
BA	UA	UA	BA	OA	UA	2	1	3	2	1.0
OA	UA	BA	UA	BA	UA	2	1	3	1	.5
BA	UA	UA	UA	BA	OA	2	1	3	1	.5
UA	UA	BA	UA	OA	BA	2	1	3	1	.5
UA	UA	OA	BA	OA	BA	2	2	2	1	.5
OA	UA	BA	OA	OA	BA	2	3	1	1	.5
BA	OA	OA	BA	OA	OA	2	4	0	1	.5
OA	OA	BA	BA	OA	OA	2	4	0	1	.5
OA	OA	BA	OA	BA	OA	2	4	0	2	1.0
BA	OA	OA	OA	OA	BA	2	4	0	2	1.0
OA	BA	OA	OA	OA	BA	2	4	0	1	.5
OA	OA	BA	OA	OA	BA	2	4	0	2	1.0
OA	OA	OA	BA	OA	BA	2	4	0	2	1.0
OA	OA	OA	OA	BA	BA	2	4	0	1	.5
UA	UA	UA	UA	BA	UA	1	0	5	1	.5
OA	BA	UA	UA	OA	UA	1	2	3	1	.5
OA	OA	OA	BA	OA	OA	1	5	0	1	.5
OA	OA	OA	OA	OA	BA	1	5	0	3	1.5

表4.1-10 国語における6年間のUA, BA, OAの変化パターンの度数と%

1年	2年	3年	4年	5年	6年	BA数	OA数	UA数	度数	%
BA	BA	BA	BA	BA	BA	6	0	0	28	14.4
UA	BA	BA	BA	BA	BA	5	0	1	3	1.5
BA	UA	BA	BA	BA	BA	5	0	1	3	1.5
BA	BA	UA	BA	BA	BA	5	0	1	2	1.0
BA	BA	BA	UA	BA	BA	5	0	1	7	3.6
BA	BA	BA	BA	BA	UA	5	0	1	6	3.1
OA	BA	BA	BA	BA	BA	5	1	0	6	3.1
BA	OA	BA	BA	BA	BA	5	1	0	11	5.7
BA	BA	OA	BA	BA	BA	5	1	0	8	4.1
BA	BA	BA	OA	BA	BA	5	1	0	2	1.0
BA	BA	BA	BA	OA	BA	5	1	0	7	3.6
BA	BA	BA	BA	BA	OA	5	1	0	4	2.1
UA	BA	UA	BA	BA	BA	4	0	2	1	.5
BA	UA	UA	BA	BA	BA	4	0	2	1	.5
UA	BA	BA	UA	BA	BA	4	0	2	1	.5
BA	UA	BA	UA	BA	BA	4	0	2	7	3.6
BA	BA	UA	UA	BA	BA	4	0	2	1	.5
BA	BA	UA	BA	UA	BA	4	0	2	1	.5
BA	BA	BA	UA	UA	BA	4	0	2	1	.5
BA	UA	BA	BA	UA	BA	4	0	2	1	.5
BA	BA	BA	UA	BA	UA	4	0	2	2	1.0
OA	UA	BA	BA	BA	BA	4	1	1	2	1.0
OA	BA	UA	BA	BA	BA	4	1	1	1	.5
BA	BA	UA	OA	BA	BA	4	1	1	1	.5
BA	OA	BA	UA	BA	BA	4	1	1	1	.5
BA	UA	BA	BA	OA	BA	4	1	1	1	.5
BA	BA	UA	BA	OA	BA	4	1	1	2	1.0
UA	BA	BA	BA	BA	OA	4	1	1	1	.5
OA	BA	BA	BA	BA	UA	4	1	1	1	.5
BA	OA	BA	BA	BA	UA	4	1	1	2	1.0
BA	BA	OA	BA	BA	UA	4	1	1	2	1.0
BA	BA	BA	OA	BA	UA	4	1	1	1	.5
OA	OA	BA	BA	BA	BA	4	2	0	8	4.1
OA	BA	OA	BA	BA	BA	4	2	0	3	1.5
BA	OA	OA	BA	BA	BA	4	2	0	5	2.6
OA	BA	BA	OA	BA	BA	4	2	0	3	1.5
BA	BA	OA	OA	BA	BA	4	2	0	2	1.0
BA	BA	OA	BA	OA	BA	4	2	0	1	.5
BA	BA	BA	OA	OA	BA	4	2	0	1	.5
OA	BA	BA	BA	BA	OA	4	2	0	1	.5
BA	OA	BA	BA	BA	OA	4	2	0	1	.5
BA	BA	BA	OA	BA	OA	4	2	0	1	.5
BA	UA	BA	UA	UA	BA	3	0	3	1	.5
BA	UA	UA	BA	BA	UA	3	0	3	1	.5
BA	BA	UA	UA	BA	UA	3	0	3	1	.5
BA	BA	BA	UA	UA	UA	3	0	3	1	.5

（表4.1-10の続き）

1年	2年	3年	4年	5年	6年	BA数	OA数	UA数	度数	%
UA	BA	UA	OA	BA	BA	3	1	2	1	.5
OA	UA	BA	BA	BA	UA	3	1	2	1	.5
OA	BA	UA	BA	BA	UA	3	1	2	2	1.0
BA	OA	BA	UA	BA	UA	3	1	2	1	.5
BA	BA	OA	UA	BA	UA	3	1	2	1	.5
BA	UA	BA	BA	OA	UA	3	1	2	1	.5
OA	OA	BA	UA	BA	BA	3	2	1	1	.5
OA	BA	BA	UA	OA	BA	3	2	1	1	.5
UA	BA	OA	BA	BA	OA	3	2	1	1	.5
OA	OA	BA	BA	BA	UA	3	2	1	1	.5
BA	OA	OA	BA	BA	UA	3	2	1	1	.5
OA	OA	BA	OA	BA	BA	3	3	0	2	1.0
OA	BA	OA	OA	BA	BA	3	3	0	1	.5
OA	BA	OA	BA	OA	BA	3	3	0	2	1.0
OA	BA	BA	OA	OA	BA	3	3	0	2	1.0
BA	OA	BA	OA	OA	BA	3	3	0	2	1.0
BA	BA	OA	OA	OA	BA	3	3	0	1	.5
BA	OA	OA	BA	BA	OA	3	3	0	1	.5
OA	BA	BA	OA	BA	OA	3	3	0	1	.5
BA	UA	UA	UA	BA	UA	2	0	4	1	.5
BA	UA	BA	UA	UA	UA	2	0	4	1	.5
OA	UA	UA	BA	UA	BA	2	1	3	1	.5
BA	BA	UA	UA	UA	OA	2	1	3	1	.5
OA	BA	UA	BA	UA	UA	2	1	3	1	.5
OA	BA	BA	UA	UA	UA	2	1	3	1	.5
OA	OA	OA	UA	BA	BA	2	3	1	1	.5
OA	OA	OA	BA	UA	BA	2	3	1	1	.5
OA	BA	OA	OA	BA	OA	2	4	0	2	1.0
OA	OA	BA	BA	OA	OA	2	4	0	1	.5
OA	BA	BA	OA	OA	OA	2	4	0	2	1.0
BA	BA	OA	OA	OA	OA	2	4	0	1	.5
OA	UA	UA	OA	BA	UA	1	2	3	1	.5
OA	OA	UA	BA	OA	OA	1	4	1	1	.5
OA	OA	OA	OA	BA	OA	1	5	0	1	.5
OA	OA	OA	BA	OA	OA	1	5	0	2	1.0
OA	BA	OA	OA	OA	OA	1	5	0	1	.5
UA	UA	UA	UA	UA	UA	0	0	6	1	.5

がもっとも多く，次いで，「2年時にOA，それ以外はBA」11名（5.7%），「3年時にOA，それ以外はBA」8名（4.1%），「1，2年時にOA，それ以外はBA」8名（4.1%）であった。それ以降は4%未満であった。

さらに，BA，OA，UAの学年時と学年数にかかわらず，変化の方向という点から整理すると，算数，国語（ただし，6年間すべてUAであった1名は除く）ともに，6年間を通じて，BAのままの者，BA以外はOAのみに変化する者，BA以外はUAのみに変化する者，BAとともにOAとUAの両方に変化する者の4タイプに分類された（表4.1-11）。χ^2検定の結果，算数（$\chi^2(3) = 90.74$, $p<.01$），国語（$\chi^2(3) = 43.83$, $p<.01$）ともに人数の偏りは有意であり，多重比較によれば，OAのみに変化するものが他の3タイプよりも有意に多かった。

4.1.4 考察

本研究では，小学校6年間における，①知能の発達的変化，②知能と学力の関連，③OAとUAの発達的変化の，3点について検討した。

まず，知能の発達的変化については，性別にかかわらず，1年～4年にかけて漸次的に上昇，4年～5年で低下し，5年～6年で再び上昇した。先行研究で示唆されてきた知能の動揺性を支持する結果であった。

今回の結果では全体的には上昇するという発達軌跡を示したが，これは，毎年，知能検査を受けることによる練習効果の可能性も捨てきれない。しか

表4.1-11　6年間のOA，BA，UA相互の変化の方向からみた分類

		BAのまま	OAのみに変化	UAのみに変化	OA・UAに変化
算数	度数	17	104	32	41
	%	8.8	53.6	16.5	21.1
国語	度数	28	87	43	35
	%	14.5	45.1	22.3	18.1

しながら，先行研究でも見られた4年～5年での低下が再現されていることから，練習効果だけでは説明することはできない。9歳あるいは10歳で認知能力が質的に変化すること（渡辺，2011）が，少なからず影響している可能性が考えられる。なお，学年間の相関は男女ともに比較的強く，また，学年が上がるにつれ強くなる傾向にあった。

次に，知能と学力の相関関係の発達的変化をみると，性別及び教科にかかわらず3年生以降，相関は強くなる傾向にあり，先行研究と同様の結果であった。このことから，学年進行に伴い学力と知能の相関関係が強まることは頑健な現象であると考えられる。

知能と学力の相関関係については，さらに，丹藤（1989，1992）が示唆した，ある学年の学力は知能よりも前学年の学力に規定されるかどうかを検討した。重回帰分析の結果，どの学年の学力に対しても，知能よりも前学年の学力の影響力が強く，先行研究を支持するものであった。

また，松崎（2009）が示唆した，ある学年の知能は前年の知能だけでなく学力によっても規定されるかどうかについても検討した。重回帰分析の結果，どの学年の知能に対しても，前学年の知能とともに，学力も一定の影響力があり，先行研究を支持するものであった。このことから，6年間を通して，学力と知能は相互に影響し合いながら形成されていくと考えられる。

OAとUAの発達的変化については，まず，5年生を除き，算数，国語ともにOAが減少し，UAが増加する傾向が見られた。この結果は，松崎（2009）の結果とほぼ同様である。しかしながら，5年生ではOAがUAよりも多くなり，とくに男子の算数においてOAが著しく増加した。隣接学年間の変化をみても，4年時にUA，BAだったものが5年時にOAに変化する割合が他の隣接学年間よりも多かった。3.3で述べたが，5年生でOAが増えるのは，私立中学の受験勉強の影響によるものと推測される。

6年間の変化パターンをみると，算数，国語ともに，6年間で経験するOA，BA，UAの学年数は一緒であっても，その時期は多様であった。どの

時期に，OA，BA，UA に変化するかについては個人差が大きいことが明らかになった。

　また，変化の方向だけに絞って，変化パターンを分類すると，大きく4つのタイプになった。そのうち，算数，国語ともに，OA のみに変化するタイプが，他のタイプよりも有意に多かった。このように知能水準から予測される以上に高い学力水準に至る児童が多いことは，本研究のサンプルの特徴であると考えられる。ただし，OA への変化が生じる学年は多岐にわたっており，受験勉強の影響だけとは考えにくい面もある。OA に変化し易いことは，児童一般にあてはまる現象なのかもしれない。この意味でも，OA のみへの変化者と，それとは対照的な UA のみへの変化者ではどのような違いがあるかを検討する必要がある。

　知能は学力の主要な規定要因としてみなされてきたが，以上の通り，本研究の結果においてもそれが確認された。

4.2　性格と学力の関連性の分析

4.2.1　目的

　日本において，小学生を対象に性格と学力の関連を実証的に検討した研究は僅かである。また，関連する性格特性には性差があり，鈎・倉智（1975）によれば，アイゼンク性格検査の尺度のうち，男子では情緒性及び精神症傾向，女子では外向性－内向性が関連することが示唆されている。しかしながら，それ以外の特性については検討されていない。

　ところで，近年，性格の基本特性が5因子であることが確立した理論として安定した位置を占めている（曽我，1999）。そこで，本研究では，新たな試みとして，5因子性格尺度を利用して性格と学力の関連性について探索する。

4.2.2 方法

質問紙調査の手続き　質問紙調査は，2007年度～2011年度入学者を対象に，2013年～2015年の各3月に実施された。クラスごとに担任が質問紙を配布，回収した。

性格の測定尺度　小学生用5因子性格検査（FFPC）（曽我，1999）を使用した（付録1の①のⅠ参照）。「協調性」「統制性」「情緒性」「開放性」「外向性」の5因子それぞれ8項目，計40項目からなる。回答は，「はい」（3点），「どちらともいえない」（2点），「いいえ」（1点）の3件法であった。各因子は次のように概念づけられている。

①協調性：人間関係を重視する。他人の気持ちを思いやり，共感や信頼を強く感じる傾向。
②統制性：ある一定の価値基準に従って自己を統制する。責任感が強く，物事に積極的に取り組もうとする傾向。
③情緒性：ストレスや脅威，あるいは他人の思惑に敏感で，緊張や不安が強い。何事にも自信がなく，落ち込みやすい傾向。
④開放性：現実にとらわれることなく，発想がユニークで，好奇心や探究心が強い。常識の枠から解放された自由な思考を行う一方，現実回避の傾向も示す。
⑤外向性：活動的で自己顕示傾向が強い。怒りなどの感情を抑えるのが苦手で，外に表しやすい傾向。

学力の測定尺度　4.1と同じ。なお，調査期間の制約上，4年時までは全ての年度，5年時は2010年度まで，6年時は2009年度までの入学者のデータを使用した（表2.2-1参照，本節以降の分析でも同様）。

分析対象　表2.2-3に示した通り，性格の測定尺度に対しては，2007年度入学者は6年時，2008年度入学者は5年時，2009年度以降の入学者は4年時に回答した。このうち，有効回答が得られた397名（男子175名，女子222名）

が分析対象となった。

4.2.3 結果

(1) FFPCの信頼性

5つの因子ごとにI-T（項目－全体）相関を求めたところ，いずれの因子にも著しく相関の低い項目は見られなかった（付録4参照）。また，Cronbachのα係数も.663～.773であり，原典（曽我，1999）での.64～.72と同様であった。尺度の信頼性には問題がないと判断し，各因子を構成する項目の合計値を尺度得点とした。

(2) FFPCの記述統計量

表4.2-1は，全体及び男女別の各尺度得点の平均値と標準偏差，t検定による性差の結果を示したものである。全体及び男女別ともに原典における平均値と著しい差は見られなかった。性差については，原典では協調性，統制性，外向性で見られたが，本研究では，統制性でのみ有意で，原典と同様に女子の方が男子よりも高かった。有意差は見られなかったが，原典と同様に協調性では女子が，外向性では男子が平均値は高かった。以上から，本サンプルの性格特性が，標準から著しく偏ってはいないことが確認された。

(3) 性格と学力との相関

FFPCの各尺度得点と，各学年時の算数偏差値，国語偏差値との相関係数を求めた。その結果，表4.2-2に示す通り，全体では，統制性と2，3年時の算数偏差値，3，4年時の国語偏差値との間に有意な正の相関が見られた。また，情緒性と，6年時以外の算数偏差値，全学年時の国語偏差値との間に有意な負の相関が見られた。

男女別にみると，男子では，情緒性と3年時の算数偏差値，4年時の国語偏差値との間で有意な負の相関が見られた。女子では，統制性と2～5年時

表4.2-1 全体及び男女別の各尺度得点の平均値（M）と標準偏差（SD），t検定の結果

		全体	男子	女子	性差（t値）
協調性	N	389	170	219	
	M	19.37	19.08	19.59	1.42
	SD	3.52	3.86	3.22	
統制性	N	391	174	217	
	M	17.65	17.13	18.08	2.78**
	SD	3.39	3.40	3.32	
情緒性	N	391	172	219	
	M	15.94	15.89	15.99	0.23
	SD	4.09	3.83	4.29	
開放性	N	390	172	218	
	M	17.47	17.07	17.79	1.73
	SD	4.09	4.19	4.00	
外向性	N	392	173	219	
	M	16.83	17.16	16.58	1.68
	SD	3.45	3.35	3.51	

**$p<.01$

の算数偏差値，3～5年時の国語偏差値との間で有意な正の相関が見られた。また，情緒性と2～5年時の算数偏差値，2年～6年時の国語偏差値との間で有意な負の相関が見られた。

4.2.4 考察

本研究では，5因子性格尺度を利用して性格と学力の関連性について探索した。

先行研究（鈎・倉智，1975）では，女子において性格特性のうち外向性－内向性と学力に関連性が見られたが，本研究では全体でも，男女別でも有意な相関は見られなかった。同じ名称の次元ではあるが，FFPCの外向性の項目には，「目だちたがりやである」「じっとしているのがきらいだ」「おとなしい方だ（逆転項目）」といった活動に関連した項目だけでなく，「気が短い」

表4.2-2 FFPCの各尺度得点と各学年の算数偏差値, 国語偏差値の相関

			協調性	統制性	情緒性	開放性	外向性
全体	算数	1年	−.004	.035	−.111*	.098	.018
		2年	−.016	.129*	−.129*	.033	.069
		3年	.028	.113*	−.179**	−.034	−.013
		4年	.011	.080	−.149**	−.017	.020
		5年	.070	.096	−.143**	−.016	.036
		6年	.052	.104	−.119	−.054	−.006
	国語	1年	−.013	.048	−.135**	.051	−.026
		2年	−.052	.059	−.148**	.095	.031
		3年	.011	.123*	−.187**	.025	−.023
		4年	.026	.113*	−.170**	.053	−.035
		5年	−.008	.097	−.148**	.045	.045
		6年	.070	.028	−.149*	.044	−.029
男子	算数	1年	.015	.069	−.132	.046	.012
		2年	.016	.098	−.035	−.015	.003
		3年	.112	.080	−.162*	−.087	−.048
		4年	.087	.076	−.128	−.073	−.029
		5年	.117	.025	−.112	−.032	−.011
		6年	.163	.109	−.134	−.029	−.062
	国語	1年	−.036	−.017	−.152	.011	−.019
		2年	.007	−.018	−.139	.053	.047
		3年	.012	.053	−.128	.013	−.004
		4年	.090	.033	−.192*	−.028	−.018
		5年	−.048	−.060	−.104	.030	.036
		6年	.140	−.031	−.087	.075	−.030
女子	算数	1年	−.013	.018	−.096	.150*	.017
		2年	−.036	.177*	−.197**	.083	.113
		3年	−.039	.170*	−.192**	.027	.001
		4年	−.035	.138*	−.166*	.065	.033
		5年	.044	.213**	−.176*	.028	.051
		6年	−.046	.143	−.125	−.036	.019
	国語	1年	−.001	.087	−.124	.076	−.021
		2年	−.130	.120	−.157*	.127	.026
		3年	.006	.185**	−.241**	.030	−.033
		4年	−.035	.187**	−.153*	.126	−.049
		5年	.028	.223**	−.186**	.047	.068
		6年	−.010	.074	−.204*	−.005	−.015

*$p<.05$, **$p<.01$

「いたずらされるとだまっておれない」「あまりかっとならない（逆転項目）」といった攻撃に関連した項目も混在したためと考えられる。この点について，開発者の曽我（1999）は，性格形成途上にある児童の場合，複数の性格要素が部分的に重なり互いに影響しあいながら，1つの次元を形づくっていると述べている。

　さて，本研究では，新しい知見として，2年生以降の算数，国語の両学力と，統制性との間には正の相関があること，情緒性との間には負の相関があることを見出した。統制性の内容は，中村（1964）が明らかにしたオーバーアチーバーの特徴のうち，共同の活動に対してより責任を自覚すること，自己を内省し，統制しようとする傾向が強いことと整合し，同様に，情緒性の内容は，オーバーアチーバーが情緒的に安定し，抑うつ性や神経衰弱に苦しむことが少ないことと整合する。また，現在，学業に主体的に取り組む過程を記述したモデルとして自己制御学習（Zimmerman, 2004）が注目されているが，そのモデルにおいて自己統制が重要な要因として位置づけられており，今回の統制性と学力の間の正の相関は妥当と考えられる。

　ただし，統制性については女子のみで有意であり，また，情緒性については男子では算数，国語ともに1つの学年時でのみ有意であった。こうした男女差については，鈎・倉智（1975）においても，さらには，海外の小学生を対象にした研究（例えば，Eysenck & Cookson, 1969）においても報告されている。このことから，児童期においては，学力と関連する性格特性に性差があることは頑健な現象であるのかもしれない。

　以上から，女子のみに限定されるかもしれないが，性格特性のうち，統制性と情緒性は学力と関連する可能性が示唆された。

　しかしここで留意すべきことは相関の強さである。相関係数は0.2前後あり，弱い相関である。相良・都築・宮本・家近（2014）によれば，学習コンピテンスと統制性の間には正の相関，情緒性との間には負の相関が見られたが，中程度の強さであった。このことから，性格特性は，学力と直接的に関

連するのではなく，学力を促進させる何らかの行動あるいはそうした行動を喚起する心的特性を媒介にして関連することも予想される。統制性，情緒性と学力との相関に見られた性差は，そうした媒介過程の違いによるためかもしれない。

4.3 動機づけと学力の関連性の分析

4.3.1 目的

これまで，動機づけは，内発的－外発的といった2項対立的な図式で捉えられ，内発的動機づけが学力に正の影響を及ぼすことが示唆されてきた（杉村，1982；田上・桜井，1985）。

しかしながら，自己決定理論（Deci & Ryan, 2002）によって動機づけの分類枠組みが変化した。外発的動機づけは，自律性の程度から，①外的調整，②取り入れ的調整，③同一化的調整，④統合的調整の4つの調整スタイルに分類され，これらの段階を経て内発的動機づけ（内発的調整）に移行するとされる。また，岡田（2010）によって，小学生においては，統制的な動機づけ（外的調整，取り入れ的調整）と自律的な動機づけ（同一化的調整，内発的動機づけ）が比較的独立していることも見出されている。

このように，動機づけに新たな側面が見出されているが，それらが学力とどのように関連するかについては，日本ではほとんど検討されていない。そこで，ここでは自己決定理論の枠組みから動機づけを測定し，学力との関連性を検討する。

4.3.2 方法

質問紙調査の手続き　4.2と同じ。
動機づけの測定尺度　竹村・小林（2008）が自己決定理論に基づいて開発

した自己決定性尺度を使用した（付録1の③のⅢ）。調整スタイルに対応して命名した内発調整，同一化調整，取入調整，外的調整の4因子，各4項目，計16項目からなる。回答は「あてはまる」（4点）〜「あてはまらない」（1点）の4件法であった。

学力の測定尺度　4.1と同じ。

分析対象　表2.2-3に示した通り，動機づけの測定尺度に対しては，2007年度入学者は6年時，2008年度入学者は5，6年時，2009年度入学者は4〜6年時，2010年度入学者は4，5年時，2011年度入学者は4年時に回答した。このうち，有効回答が得られた4年生230名（男子100名，女子130名），5年生265名（男子117名，女子148名），6年生252名（男子113名，女子139名）を分析対象とした。

4.3.3　結果

(1) 自己決定性尺度の信頼性

学年ごとに各因子のI-T（項目–全体）相関を求めたところ（付録5参照），取入調整の1項目（みんなに「頭が良い」と思われたいから）と外的調整の1項目（勉強をすると先生や親にほめられるから）の相関が著しく低かったので除外することとした。Cronbachのα係数も.709〜.877であり，尺度の信頼性には問題がないと判断し，各因子を構成する項目の合計値を項目数で除した値を尺度得点とした。

(2) 動機づけの各スタイルの発達的変化

動機づけの4つのスタイルの発達的変化について，まず，全体的な傾向をみるために，入学年度を込みにして4年〜6年を横断的に比較した（表4.3-1）。性別と学年による2要因の分散分析を行ったところ，内発調整では性別の主効果が有意であり，男子の方が女子よりも有意に高かった（$F(1, 718) = 5.05$, $p < .05$）。学年の主効果も有意であり（$F(2, 718) = 14.50$, $p < .01$），多重比

表4.3-1　学年と性別による動機づけの下位尺度得点の平均値（M）と標準偏差（SD）

			4年	5年	6年
内発調整	男子	N	94	111	110
		M	2.92	2.78	2.55
		SD	0.85	0.87	0.92
	女子	N	128	142	139
		M	2.88	2.58	2.36
		SD	0.83	0.90	0.93
同一化調整	男子	N	97	115	112
		M	3.47	3.39	3.18
		SD	0.78	0.77	0.87
	女子	N	125	143	136
		M	3.47	3.40	3.22
		SD	0.65	0.71	0.80
取入調整	男子	N	97	116	111
		M	2.62	2.64	2.47
		SD	0.98	0.93	0.97
	女子	N	125	147	139
		M	2.68	2.69	2.57
		SD	0.89	0.94	0.88
外的調整	男子	N	97	113	113
		M	1.98	2.01	1.97
		SD	0.93	0.90	0.92
	女子	N	127	146	135
		M	1.90	2.03	2.01
		SD	0.86	0.88	0.90

較によれば，6年＜5年＜4年であった（図4.3-1）。同一化調整では学年の主効果のみが有意であり（$F(2,722)=8.01$, $p<.01$），多重比較によれば，6年＜5年＝4年であった。取入調整，外的調整では有意な効果は見られなかった。

　次に，3学年分のデータが揃っている2009年度入学者だけを対象に縦断的に比較した（表4.3-2）。性別と学年による2要因の分散分析を行ったところ，内発調整，同一化調整，外的調整ではいずれも，学年の主効果のみ有意で

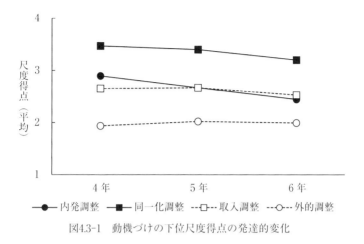

図4.3-1 動機づけの下位尺度得点の発達的変化

表4.3-2 学年と性別による動機づけの下位尺度得点の平均値（M）と標準偏差（SD）（2009年度入学者）

			4年	5年	6年
内発調整	男子（N=39）	M	2.96	2.68	2.44
		SD	0.82	0.84	0.97
	女子（N=47）	M	2.84	2.46	2.35
		SD	0.87	0.96	0.92
同一化調整	男子（N=42）	M	3.43	3.30	2.97
		SD	0.80	0.80	1.00
	女子（N=48）	M	3.41	3.36	3.23
		SD	0.72	0.73	0.74
取入調整	男子（N=41）	M	2.63	2.61	2.56
		SD	0.99	0.88	0.98
	女子（N=46）	M	2.66	2.77	2.70
		SD	0.90	0.90	0.95
外的調整	男子（N=40）	M	1.86	2.11	2.13
		SD	0.84	0.93	0.93
	女子（N=46）	M	1.95	2.18	2.28
		SD	0.90	0.92	0.89

あった(順に,$F(2, 168) = 13.44$, $p<.01$, $F(2, 176) = 7.28$, $p<.01$, $F(2, 168) = 4.02$, $p<.05$)。多重比較の結果,内発調整では6年=5年<4年,同一化調整では6年<5年=4年,外的調整で4年<6年であった(図4.3-2)。

(3)動機づけの4つのスタイルと学力の関連

まず,全体的な傾向をみるために,入学年度を込みにして,動機づけの下位尺度得点と算数偏差値,国語偏差値の相関を全体及び男女別で算出した(表4.3-3)。

内発調整は,有意な相関はすべて正であった。全体では,すべての学年で有意であった。男子では算数,国語ともに4年生以外で,また,女子では,国語の4年生以外で有意であった。

同一化調整は,有意な相関はすべて正であった。全体では,算数は5年,6年で,国語は6年で有意であった。男子では算数の6年のみで,女子では算数の4年,5年のみで有意であった。

取入調整は,有意な相関はすべて負であった。全体では国語の6年生以外は有意であった。男子では算数,国語ともに6年生以外は有意であった。女

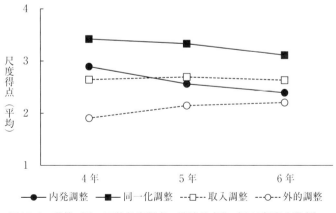

図4.3-2 動機づけの下位尺度得点の発達的変化(2009年度入学者)

第4章　児童期の学力変化を規定する諸要因の検討　111

表4.3-3　動機づけの下位尺度得点と算数偏差値の相関

			内発調整	同一化調整	取入調整	外的調整
全体	算数	4年	.187**	.114	−.209**	−.233**
		5年	.254**	.159*	−.164**	−.192**
		6年	.343**	.177**	−.128*	−.132*
	国語	4年	.141*	.044	−.270**	−.238**
		5年	.210**	.070	−.245**	−.172**
		6年	.264**	.131*	−.073	−.059
男子	算数	4年	.123	.051	−.281**	−.262**
		5年	.273**	.101	−.186*	−.253**
		6年	.286**	.234*	−.101	−.152
	国語	4年	.126	.051	−.344**	−.275**
		5年	.275**	.074	−.274**	−.253**
		6年	.285**	.180	−.011	−.012
女子	算数	4年	.235**	.186*	−.142	−.235**
		5年	.211*	.220**	−.142	−.145
		6年	.367**	.147	−.136	−.107
	国語	4年	.152	.038	−.206*	−.206*
		5年	.171*	.065	−.225**	−.105
		6年	.262**	.080	−.137	−.131

*$p<.05$,　**$p<.01$

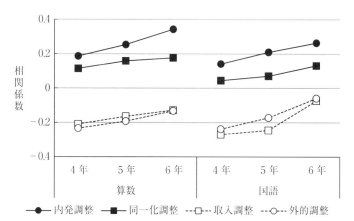

図4.3-3　動機づけの下位尺度得点と算数偏差値，国語偏差値の相関の発達的変化

表4.3-4 動機づけの下位尺度得点と算数偏差値,国語偏差値の相関(2009年度入学者)

		内発調整	同一化調整	取入調整	外的調整
算数	4年	.123	.051	−.281**	−.262**
	5年	.273**	.101	−.186*	−.253**
	6年	.286**	.234*	−.101	−.152
国語	4年	.126	.051	−.344**	−.275**
	5年	.275**	.074	−.274**	−.253**
	6年	.285**	.180	−.011	.012

*p<.05, **p<.01

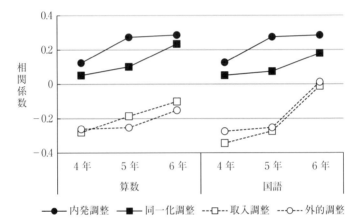

図4.3-4 動機づけの下位尺度得点と算数偏差値,国語偏差値の相関の発達的変化(2009年度入学者)

子では国語の4年,5年のみで有意であった。

外的調整は,有意な相関はすべて負であった。全体では,国語の6年生以外はすべて有意であった。男子では算数,国語ともに6年生以外は有意であった。女子は,算数,国語ともに4年生だけが有意であった。

相関の強さをみると,いずれも弱い相関であった。学年進行に伴い,内発調整と同一化調整は相関が強くなるが,取入調整,外的調整は相関が弱くなる傾向にあった(図4.3-3)。

次に，3学年分のデータが揃っている2009年度入学者だけを対象に動機づけの下位尺度得点と算数偏差値，国語偏差値の相関を算出した（表4.3-4）。なお，人数が少ないので男女別には算出しなかった。

入学年度を込みにした結果と比べて，相関係数の有意性にはやや違いが見られたが，内発調整，同一化調整は正の相関で，学年進行に伴い相関が強くなり，一方，取入調整，外的調整は負の相関で，学年進行に伴い相関が弱くなる，といった傾向は同様であった（図4.3-4）。

4.3.4　考察

本節の目的は，自己決定理論の枠組みから動機づけを測定し，学力との関連性を検討することであった。

まず，動機づけの4つのスタイルの発達的変化について，横断的と縦断的の両方の観点から分析した。その結果，両分析に共通して，内発調整と同一化調整は4年から6年にかけて下降する傾向にあった。一方，取入調整と外的調整は一定あるいはやや上昇する傾向にあった。このことから，小学校高学年では，内発調整や同一化調整といった自律的な動機づけは下がることが示唆された。岡田（2010）は，これまでの主に外国の研究のレビューから，小学生の時期は，学年が上がるにつれて内発的動機づけが低下し，外発的動機づけが顕現的になるとしたが，今回の結果はこれに合致するものであった。

次に，動機づけの4つのスタイルと学力の関連性についてみると，横断データ，縦断データともに同じ傾向が見られた。内発調整，同一化調整と，算数，国語の学力とは正の相関関係にあり，学年進行に伴い関連性を強めていく。一方，取入調整，外的調整は，算数，国語の学力とは負の相関関係にあり，学年進行に伴い関連性を弱めていく。こうした傾向は，これまでの内発的動機づけが学力に正の影響を及ぼすという結果（杉村，1982；田上・桜井，1985）とも整合する。また，岡田（2010）が，小学生においては，統制的

な動機づけ（外的調整，取り入れ的調整）と自律的な動機づけ（同一化的調整，内発的動機づけ）が比較的独立しているということとも一致する。

　以上から，これまでの研究では，発達のある一時点での内発的動機づけと学力の関連性が示されてきたが，本研究からは，①内発的動機づけ（内発的調整）だけでなく，同一化的調整も学力と関連すること，②両者は小学校の高学年において学年進行に伴い学力との関連性を強めていくこと，が明らかになった。このことから，高学年時に自律的な動機づけを高い水準で維持することは容易ではないが，それができるのならば，学力の維持あるいは向上が期待できることが示唆される。

4.4　学習コンピテンスと学力の関連性の分析[5]

4.4.1　目的

　学習コンピテンスは，学習に対する内発的動機づけの源泉である。それにもかかわらず，学力との関連性について小学生を対象に行った実証的研究は少ない。また，学習コンピテンスと学業成績との間には両方向の相互作用的影響があるという（外山，2004）。さらには，児童の学習コンピテンスの発達的変化について一貫した結果が得られていない。

　そこで，ここでは，まず，学習コンピテンスの発達的変化について探索する。次に，学習コンピテンスと学力との関連性を検証する。その際，縦断データの利点を生かし，学習コンピテンスと学業成績の相互作用的影響についても検討する。

5）　宮本・相良・倉元（2015b）を新たな観点のもと再分析し，加筆・修正したものである。

4.4.2 方法

質問紙調査の手続き　4.2と同じ。

学習コンピテンスの測定尺度　児童用コンピテンス尺度（桜井，1992）の下位尺度である，学習コンピテンスを使用した（付録1の③のⅡ参照）。10項目からなる。回答は，「はい」（4点），「どちらかといえばはい」（3点），「どちらかといえばいいえ」（2点），「いいえ」（1点）の4件法であった。

学力の測定尺度　4.1と同じ。

分析対象　学習コンピテンスの測定尺度に対しての回答者は4.3と同じであった（表2.2-3参照）。このうち，有効回答が得られた4年生212名（男子90名，女子122名），5年生250名（男子108名，女子142名），6年生246名（男子113名，133名）を分析対象とした。

4.4.3 結果

(1) 学習コンピテンス尺度の信頼性

学年ごとに各因子のI-T（項目-全体）相関を求めたところ（付録6参照），相関が著しく低い項目はなかった。Cronbachの α 係数も.894～.915であり，尺度の信頼性には問題がないと判断し，10項目の合計値を尺度得点とした。

(2) 学習コンピテンスの学年変化

まず，全体的な傾向をみるために，入学年度を込みにして4年～6年を横断的に比較した（表4.4-1）。性別と学年による2要因の分散分析を行ったところ，性別の主効果のみが有意であり，男子の方が女子よりも有意に高かった（$F(1, 702) = 17.33$, $p < .01$）。

次に，3学年分のデータが揃っている2009年度入学者だけを対象に縦断的に比較した（表4.4-2）。性別と学年による2要因の分散分析を行ったところ，

表4.4-1　学年と性別による学習コンピテンスの平均値（M）と標準偏差（SD）

		4年	5年	6年
男子	N	90	108	113
	M	29.52	30.00	29.35
	SD	7.05	6.77	7.17
女子	N	122	142	133
	M	27.75	27.17	26.92
	SD	7.21	7.57	7.94

表4.4-2　学年と性別による学習コンピテンスの平均値（M）と標準偏差（SD）（2009年度入学者）

		4年	5年	6年
男子	M	29.52	30.00	29.35
(N=38)	SD	7.05	6.77	7.17
女子	M	27.75	27.17	26.92
(N=38)	SD	7.21	7.57	7.94

表4.4-3　学習コンピテンスの主成分分析の結果（2009年度入学者）

項目	第1主成分
4年時の学習コンピテンス	.875
5年時の学習コンピテンス	.937
6年時の学習コンピテンス	.895
固有値	2.44
寄与率	81.5

有意な主効果，交互作用は見られなかった。

　各学年の学習コンピテンスどうしの相関係数を求めると.680〜.793（いずれも $p<.01$）の比較的強い相関が見られた。主成分分析を行ったところ，第1主成分の寄与率が81.5％であり（表4.4-3），また，内的一貫性をみると $α=.885$ であった。4年生以降の学習コンピテンスは1次元構造で，安定しているといえる。

(3)学習コンピテンスと学力の関連

　全体的な傾向をみるために，入学年度を込みにして，各学年時における全体及び男女別の学習コンピテンスと算数偏差値，国語偏差値の相関を算出した。表4.4-4に示す通り，算数，国語ともに一貫して有意な正の相関が見られた。相関の強さは中程度であった。

　2009年度入学者の4年～6年の学習コンピテンスについて，(2)で行った主成分分析に基づき，総合点（第1主成分得点）を算出した。なお，人数が少ないため男女別には算出しなかった。表4.4-5は，学習コンピテンスの総合点と各学年の算数偏差値と国語偏差値との相関を示したものである。いずれも有意な正の相関であった。相関の強さはおおむね中程度であったが，算数の方が国語より強かった。3年生以前においては，学年が進むにつれて相関が強くなる傾向にあった。

　さらに，4年時までの毎年の学力の変化として，単回帰分析によってある

表4.4-4　各学年時における学習コンピテンスと算数偏差値，国語偏差値の相関

		全体	男子	女子
算数	4年	.616**	.601**	.616**
	5年	.616**	.564**	.628**
	6年	.643**	.652**	.620**
国語	4年	.565**	.604**	.544**
	5年	.488**	.534**	.490**
	6年	.521**	.542**	.534**

**$p<.01$

表4.4-5　学習コンピテンス（総合点）と算数偏差値，国語偏差値の相関（2009年度入学者）

	1年	2年	3年	4年	5年	6年
算数	.444**	.589**	.717**	.620**	.656**	.678**
国語	.457**	.464**	.536**	.537**	.549**	.436**

**$p<.01$

表4.4-6 各学年の成績からの次の学年時の成績の予測値と実際値の差（残差）と学習コンピテンス（総合点）の相関（2009年度入学者）

	1年→2年	2年→3年	3年→4年
算数	.416**	.343**	.127
国語	.179	.196	.236*

*$p<.05$, **$p<.01$

学年の成績からの予測される次の学年時の成績と実際の成績との差（残差）を求め，学習コンピテンスとの相関を求めた。その結果，表4.4-6の通り，算数では，1年時の成績からの2年時の残差，2年時の成績からの3年時の残差と有意な正の相関が見られた。また，国語では，3年時の成績からの4年時の残差と有意な正の相関が見られた。

4.4.4 考察

学習コンピテンスの発達的変化をみると，横断的な分析においても，縦断的な分析においても，学年差は見られなかった。また，縦断的な分析からは，4年～6年の学習コンピテンスの相互相関は強く，1次元構造であることが確認された。これらのことから，高学年時の学習コンピテンスは安定していることが示唆された。この結果は，桜井（1992）において小学5年生と小学6年生で差が見られなかったことと一致した。一般的に広まっている，小学3年生～中学3年生にかけて学習コンピテンスが低下傾向にあるとする，桜井（1983）の結果は，再検討の必要がある。

学習コンピテンスと学力の関連性をみると，性別，学年にかかわらず一貫して有意な正の相関が見られた。いずれも相関の強さは中程度であった。学習コンピテンスは学業成績の決定要因であるとされてきたが（外山，2004），それを裏づける結果である。また，縦断データの分析から，低学年時の学力と，4年時以降の安定した学習コンピテンスとの間にも有意な正の相関が認められた。

さらに，算数では，1年時の成績から予測される2年時の成績よりも実際の成績の方が高いほど，2年時の成績から予測される3年時の成績よりも実際の成績の方が高いほど，国語では，3年時の成績から予測される4年時の成績よりも実際の成績の方が高いほど，4年時以降の安定した学習コンピテンスが高くなった。このことから，現在の成績だけでなく低学年からの成績の向上も中高学年の学習コンピテンスに影響する可能性が示唆された。

外山（2004）は，学習コンピテンスと学業成績との間には両方向の相互作用的影響があるとしているが，本研究の結果からは，低学年時のがんばりによる成績の伸びが，安定した学習コンピテンスを形成し，それによって高学年時の成績が促進される，といった過程が考えられる。

いずれにせよ，本研究によって，学習コンピテンスが学力の規定要因として重大である可能性があらためて確認された。

4.5 学習方略と学力の関連性の分析

4.5.1 目的

日本における児童を対象とした学習方略に関する研究は少ないが，これまでに，学力と関連するのは特定の学習方略であること（豊田・森本，2001；佐藤，2002），また，使用する学習方略は発達的に変化すること（臼井，2014）が示唆されている。また，測定尺度についてはいくつか作成が試みられているが，佐藤・新井（1998）によるものが，妥当性・信頼性が高いと考えられる。

そこで，ここでは，佐藤・新井（1998）の尺度の一部を使用して，学習方略の使用の発達的変化を探るとともに，算数，国語の学力との関連性について検討する。

4.5.2 方法

質問紙調査の手続き 質問紙調査は，学習方略に対する児童の回答能力を考慮し，5年生以上を対象とした。2008年度〜2010年度入学を対象に，2014, 2015年の各3月に実施された。クラスごとに担任が質問紙を配布，回収した。

学習方略の測定尺度 佐藤・新井（1998）の開発した尺度のうち，佐藤（2002）において学業成績との関連が認められたプランニング方略（例，勉強するときは，さいしょに計画を立ててからはじめる）と作業方略（例，勉強で大切なところは，くりかえし声に出しておぼえる）の2つの下位尺度，それぞれ6項目，計12項目を使用した（付録1の②のⅠ）。回答は，「まったくやらない」（1点）〜「とてもやる」（5点）の5件法であった。

学力の測定尺度 4.1と同じ。

分析対象 表2.2-3に示した通り，学習方略の測定尺度に対しては，2008年度入学者は6年時，2009年度入学者は5，6年時，2010年度入学者は5年時に回答した。このうち，有効回答が得られた5年生183名（男子82名，女子101名），6年生169名（男子76名，女子93名）を分析対象とした。

4.5.3 結果

(1) 学習方略尺度の信頼性

学年ごとに各因子のI-T（項目－全体）相関を求めたところ（付録7参照），相関が著しく低い項目はなかった。Cronbachの α 係数も .796〜.818であり，尺度の信頼性には問題がないと判断し，原典と同様に，各因子を構成する項目の合計値を項目数で割った値を尺度得点とした。

(2) 学習方略の使用の学年変化

学習方略の使用の発達的変化について，まず，全体的な傾向をみるため

に，入学年度を込みにして5年と6年を横断的に比較した（表4.5-1）。性別と学年による2要因の分散分析を行ったところ，プランニング方略，作業方略ともに有意な主効果，交互作用は見られなかった。

次に，2学年分のデータが揃っている2009年度入学者だけを対象に縦断的に比較した（表4.5-2）。性別と学年による2要因の分散分析を行ったところ，プランニング方略では，学年の主効果のみが有意であり，5年から6年にか

表4.5-1　学年と性別による学習方略の各尺度得点の平均値（M）と標準偏差（SD）

			5年	6年
プランニング方略	男子	N	82	76
		M	3.36	3.20
		SD	.91	.98
	女子	N	101	92
		M	3.37	3.22
		SD	.90	.94
作業方略	男子	N	80	76
		M	3.24	3.23
		SD	1.05	.97
	女子	N	99	93
		M	3.48	3.37
		SD	.95	.98

表4.5-2　学年と性別による学習方略の各尺度得点の平均値（M）と標準偏差（SD）（2009年度入学者）

			5年	6年
プランニング方略	男子（$N=44$）	M	3.35	3.13
		SD	0.93	0.91
	女子（$N=48$）	M	3.30	3.07
		SD	0.97	0.89
作業方略	男子（$N=43$）	M	3.36	3.11
		SD	1.10	0.99
	女子（$N=46$）	M	3.37	3.26
		SD	0.98	0.88

けて低下した（$F(1, 90) = 5.72$, $p<.05$）。作業方略では有意な主効果，交互作用は見られなかった。

(3)学習方略と学力の関連性

まず，全体的な傾向をみるために，入学年度を込みにして，学習方略の各尺度得点と算数偏差値，国語偏差値の相関を全体及び男女別で算出した（表4.5-3）。

表4.5-3　学習方略の各尺度得点と算数偏差値，国語偏差値の相関

			プランニング方略	作業方略
全体	算数	5年	.318**	.234**
		6年	.233**	.208**
	国語	5年	.211**	.233**
		6年	.193*	.189*
男子	算数	5年	.437**	.371**
		6年	.242*	.248*
	国語	5年	.247*	.339**
		6年	.230*	.258*
女子	算数	5年	.228*	.157
		6年	.247*	.222*
	国語	5年	.179	.100
		6年	.159	.130

*$p<.05$, **$p<.01$

表4.5-4　学習方略の各尺度得点と算数偏差値，国語偏差値の相関（2009年度入学者）

		プランニング方略	作業方略
算数	5年	.288**	.197
	6年	.250*	.184
国語	5年	.209*	.226*
	6年	.227*	.232*

*$p<.05$, **$p<.01$

プランニング方略では，女子の国語以外，有意な正の相関が見られた。相関の強さは，中程度から弱い相関であった。

作業方略においても，女子の5年の算数，5，6年の国語以外，有意な正の相関が見られた。相関の強さは，弱い相関であった。

次に，2学年分のデータが揃っている2009年度入学者だけを対象に学習方略の各尺度得点と算数偏差値，国語偏差値の相関を算出した（表4.5-4）。なお，人数が少ないため，男女別には算出しなかった。

プランニング方略では，教科，学年にかかわらずすべて有意な正の相関が見られた。相関の強さは，弱い相関であった。

作業方略では，国語においてのみ有意な正の相関が見られた。相関の強さは，弱い相関であった。

4.5.4　考察

学習方略の使用の発達的変化については，横断的な比較では，男女にかかわらず，プランニング方略，作業方略ともに5年と6年で差は認められなかった。一方，縦断的な比較では，男女にかかわらず，作業方略の使用では差はなかったが，プランニング方略の使用は5年に比べて6年では有意に低下した。ただし，男女を込みにしたプランニング方略の平均値をみると，5年では3.32，6年では3.10であり，その差はわずか0.22であることから，実質的には大きな差とはいえない。効果量（η_p^2）を算出すると0.06を下回った。本研究のサンプルにおいては，プランニング方略，作業方略は，5，6年時では，比較的安定しているとみなす方が妥当と考えられる。また，尺度が異なるので直接比較はできないが，先行研究（臼井，2014）において，本研究と同じ5年〜6年の変化だけに着目すると，統計情報が明記されている柔軟な学習方略では有意差は見られてない。このことから，小学校高学年においては，ある程度使用する学習方略が定まっている可能性がある。

学力との関連性をみると，横断的な分析では，プランニング方略は女子の

国語以外で，また，作業方略では女子の国語及び5年の算数以外で，有意な正の相関が見られた。女子の国語だけ特異な結果であったのは，女子の国語偏差値は男子よりも高いことから（図3.2-3参照），プランニング方略や作業方略とは別の方略が使用されているのかもしれない。

縦断的な分析では，プランニング方略は，算数，国語の学力と有意な正の相関を示したが，作業方略は，国語とのみ有意な正の相関で，算数との有意な相関は認められなかった。ただし，作業方略と算数偏差値の有意確率をみると，5年では$p=.059$，6年では$p=.078$であり，有意ではなかったものの関連する兆しはうかがえた。

以上から，いくつか例外的な結果も見られたが，プランニング方略，作業方略ともに学力とは正の関連性があり，学力を促進させる可能性があることが示唆された。例外的な結果においても，負の相関ではなかったことから，学力を抑制させる可能性は低い。先行研究（佐藤，2002）の結果はおおむね支持されたといえ，プランニング方略と作業方略は，有効な学習方略であると考えられる。

4.6 親の期待と学力の関連性の分析

4.6.1 目的

これまでの研究から，親の学業領域における子どもに対する期待は徐々に大きくなり（中山，1992；渡部・新井，2008b），児童はそれを嬉しく感じ，応えようとし（春日・宇都宮・サトウ，2013），学業に対する自信も形成する（木澤，2005）。このことから，親の期待と児童の学力は関連すると考えられ，実際，小学校6年生の算数の学力に対して親の子どもの学歴期待が正の影響を及ぼすことが実証されている（耳塚，2007a）。しかしながら，日本においては，親の期待と児童の学力の関連性を実証的に検討した研究は少ない。

そこで，本研究では，親の期待に小学生がどのように受け止めるかに焦点を当て，その発達的変化と，学力との関連性について検討する。

4.6.2 方法

質問紙調査の手続き　4.2と同じ。

親の期待についての質問　新たに作成した（付録1の①のⅡ）。まず「親」として誰を想起するかを尋ね，「お父さん」「お母さん」「その他のひと」から選択させた。次に，想起した親が自分に対して「よい中学に入ってほしい」「えらくなってほしい」「よい成績をとってほしい」といった学業領域における期待の程度（1：わからない，2：どちらともいえない，3：どちらかといえばそうだ，4：そうだ，5：とてもそうだ），及び，各期待に対する感情として「うれしい」「苦しい」「いやになる」「がんばろうと思う」のそれぞれの程度（0：わからない，1：いいえ，2：どちらかといえばいいえ，3：どちらかといえばはい，4：はい）を回答させた。

学力の測定尺度　4.1と同じ。

分析対象　親の質問に対しての回答者は4.3と同じであった（表2.2-3参照）。このうち有効回答が得られた4年生220名（男子92名，女子128名），5年生262名（男子114名，女子148名），6年生251名（男子114名，女子137名）を分析対象とした。

4.6.3 結果

(1) 親の期待の受け止め方尺度の構成

「親」として想起された人によって，3つの期待の評定値の分布には著しい差は見られなかった。そこで，以下の分析では，想起された人を込みにして進める。

親の3つの期待のうち，「えらくなってほしい」では「わからない」「どちらともいえない」の回答が，4年生41.2％，5年生53.5％，6年生54.7％に

も上った。そのため，分析から除外することとした。残りの「よい中学に入ってほしい」（以下，よい中学）と「よい成績をとってほしい」（以下，よい成績）の2項目それぞれに対する評定値（ただし，「わからない」「どちらともいえない」は欠損値とした）と，その際の4つの感情の評定値（ただし，「わからない」は欠損値とした）を掛け合わせて，計8項目の「親の期待の受け止め方」得点を算出した。学年ごとにそれらを因子分析（主因子法，プロマックス回転）した結果，いずれの学年も同じ項目からなる2因子が見出され（表4.6-1），「肯定的受け止め」（うれしい，がんばろうと思う，各2項目ずつ）と「否定的受け止め」（苦しい，いやになる，各2項目ずつ）と命名した。α係数を求めると，「肯定的受け止め」が.833～.912，「否定的受け止め」が.805～.911であり，内的一貫性は保証された。各項目の合計値を尺度得点とした。

(2) 親の期待の受け止め方の発達的変化

親の期待の2つの受け止め方の発達的変化について，まず，全体的な傾向をみるために，入学年度を込みにして4年～6年を横断的に比較した（表4.6-2）。性別と学年による2要因の分散分析を行ったところ，肯定的受け止めでは性別の主効果が有意であり，男子の方が女子よりも有意に高かった（$F(1, 438) = 13.23$, $p<.01$）。学年の主効果も有意であり（$F(2, 438) = 8.72$, $p<.01$），多重比較によれば，6年＜5年＝4年であった（図4.6-1）。否定的受け止めでは学年の主効果のみが有意であり（$F(2, 421) = 6.63$, $p<.01$），多重比較によれば，4年＜5年＝6年であった（図4.6-2）。

次に，3学年分のデータが揃っている2009年度入学者だけを対象に縦断的に比較した（表4.6-3）。性別と学年による2要因の分散分析を行ったところ，肯定的受け止めでは，性別の主効果のみ有意で，男子の方が女子よりも高かった（$F(1, 26) = 4.56$, $p<.05$）。学年差は有意ではなかったが，図4.6-3に示す通り，横断的比較と同様のパターンであった。否定的受け止めでは，学年の主効果のみが有意で（$F(2, 58) = 4.29$, $p<.05$），多重比較によれば，4年＜

表4.6-1　親の期待の受け止め方の因子分析の結果
（プロマックス回転後のパターン行列）

a．4年生の結果

項目	I	II
よい成績・うれしい	**.775**	−.061
よい成績・がんばろう	**.735**	−.046
よい中学・うれしい	**.722**	.029
よい中学・がんばろう	**.702**	.102
よい成績・苦しい	−.005	**.746**
よい成績・いやになる	−.128	**.671**
よい中学・いやになる	.028	**.658**
よい中学・苦しい	.123	**.625**
因子間相関　　　　　II	−	−.071

b．5年生の結果

項目	I	II
よい中学・いやになる	**.896**	.029
よい成績・苦しい	**.889**	.039
よい中学・苦しい	**.872**	.045
よい成績・いやになる	**.761**	−.119
よい中学・がんばろう	.104	**.796**
よい成績・うれしい	−.135	**.775**
よい中学・うれしい	.017	**.774**
よい成績・がんばろう	.003	**.763**
因子間相関　　　　　II	−	−.177

c．6年生の結果

項目	I	II
よい中学・うれしい	**.876**	−.071
よい成績・がんばろう	**.874**	.107
よい中学・がんばろう	**.858**	−.048
よい成績・うれしい	**.844**	.014
よい成績・苦しい	.119	**.906**
よい中学・いやになる	−.110	**.843**
よい成績・いやになる	−.030	**.839**
よい中学・苦しい	.017	**.804**
因子間相関　　　　　II	−	−.209

表4.6-2 学年と性別による親の期待の受け止め方の下位尺度得点の
平均値（M）と標準偏差（SD）

			4年	5年	6年
肯定的受け止め	男子	N	67	80	62
		M	68.04	68.48	62.24
		SD	12.30	14.64	18.64
	女子	N	77	84	74
		M	63.43	63.17	55.61
		SD	15.92	13.93	19.33
否定的受け止め	男子	N	63	79	58
		M	26.90	33.54	31.62
		SD	12.60	17.07	18.80
	女子	N	73	80	74
		M	26.04	33.14	30.93
		SD	13.16	19.26	15.87

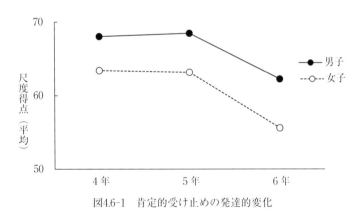

図4.6-1 肯定的受け止めの発達的変化

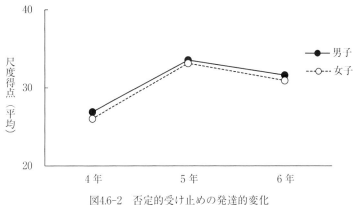

図4.6-2　否定的受け止めの発達的変化

表4.6-3　学年と性別による親の期待の受け止め方の下位尺度得点の平均値（M）と標準偏差（SD）（2009年度入学者）

			4年	5年	6年
肯定的受け止め	男子（$N=15$）	M	73.00	73.60	67.73
		SD	11.54	11.51	17.56
	女子（$N=13$）	M	63.08	66.85	59.38
		SD	13.82	7.61	20.20
否定的受け止め	男子（$N=18$）	M	25.89	28.67	34.33
		SD	11.69	13.64	18.80
	女子（$N=13$）	M	24.46	37.08	33.69
		SD	11.40	20.02	20.64

5年＝6年であった（図4.6-4）。

(3) 親の期待の受け止め方と学力の関連

　まず，全体的な傾向をみるために，入学年度を込みにして，親の期待の受け止め方の下位尺度得点と算数偏差値，国語偏差値の相関を全体及び男女別に算出した（表4.6-4）。

　肯定的受け止め方は，有意な相関はすべて正であった。全体では4年，5

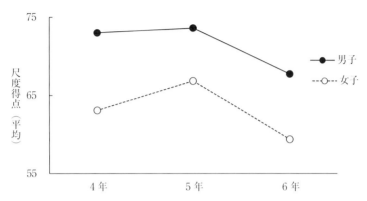

図4.6-3 肯定的受け止めの発達的変化(2009年度入学者)

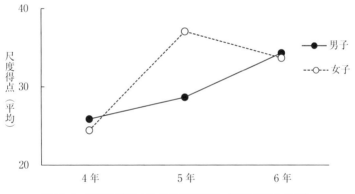

図4.6-4 否定的受け止めの発達的変化(2009年度入学者)

年の算数,男子では5年の算数,女子では5年の算数,4年の国語で有意であった。相関の強さをみると,弱い相関であった。

否定的な受け止め方は,男子4年の算数でのみ有意な負の相関が見られた。弱い相関であった。

次に,3学年分のデータが揃っている2009年度入学者だけを対象に親の期待の受け止め方の下位尺度得点と算数偏差値,国語偏差値の相関を算出した(表4.6-5)。なお,人数が少ないため,男女別には算出しなかった。

表4.6-4　親の期待の受け止め方の下位尺度得点と算数偏差値，国語偏差値の相関

			肯定的受け止め	否定的受け止め
全体	算数	4年	.174*	-.149
		5年	.294**	-.012
		6年	-.003	-.052
	国語	4年	.153	-.043
		5年	.128	-.068
		6年	.003	-.054
男子	算数	4年	.098	-.299*
		5年	.299**	-.118
		6年	-.026	.154
	国語	4年	.072	-.210
		5年	.119	-.195
		6年	.119	.137
女子	算数	4年	.216	.001
		5年	.242*	.074
		6年	-.067	-.204
	国語	4年	.243*	.143
		5年	.155	.045
		6年	-.084	-.201

*$p<.05$, $p<.01$**

表4.6-5　親の期待の受け止め方の下位尺度得点と
算数偏差値，国語偏差値の相関（2009年度入学者）

			肯定的受け止め	否定的受け止め
全体	算数	4年	.228	-.055
		5年	.341**	-.025
		6年	.129	.042
	国語	4年	.060	.105
		5年	.142	.071
		6年	.099	.040

**$p<.01$

肯定的受け止めが，5年時に算数と有意な正の相関を示す以外は，有意な相関は見られなかった。相関の強さは，弱い相関であった。

4.6.4 考察

本研究では，まず，学業領域に関連した親の期待に対する受け止め方の因子構造を探った。その結果，4年生〜6年生で共通する2つの因子が抽出された。それらは，肯定的受け止めと否定的受け止めと命名され，下位尺度として構成した。

これらを使用して，親の期待に対する受け止め方の発達的変化をみたところ，横断的な比較，縦断的な比較ともに同様の傾向であった。肯定的な受け止めは，一貫して男子の方が女子よりも高いが，ともに4年から6年にかけて低下する。一方，否定的な受け止めは，4年から6年にかけて上昇する。渡部・新井（2008b）は，小学校の時よりも中学，高校の時の方が，親の期待に対する葛藤が強くなると報告しているが，小学校高学年は思春期の始まりであり，そうした兆しが表出される時期と考えられる。そのため，肯定的な受け止めから否定的な受け止めに転換するものと推測される。

学力との関連性をみると，肯定的な受け止めは，一貫して5年時の算数の学力との間で有意な正の相関を示した。先行研究（耳塚, 2007a）では，小学校6年生の算数の学力と親の子どもの学歴期待が関連することが示されていることから，教科としては算数の学力が親の期待と関連しやすい可能性が示唆された。

一方，否定的な受け止めでは，男子の4年の国語以外は，有意相関は認められなかった。肯定的な受け止めの結果とは対照的なパターンとはならなかったことから，両者は同じ次元上のポジ・ネガではなく，別の次元であることが示唆された。

以上から，親の期待は，それを肯定的に受け止めた場合のみ，しかも，算数に限った場合においてのみ，学力に促進的に働く可能性が示唆された。一

方，親の期待を否定的に受け止めても学力が必ずしも下がるわけでないと考えられる。

4.7 本章のまとめ

本章では，学力と関連する要因として，知能 (4.1)，性格 (4.2)，動機づけ (4.3)，学習コンピテンス (4.4)，学習方略 (4.5)，親の期待 (4.6) を取り上げ，それぞれの発達的変化と学力との関連性について検討した。

各要因の学力との相関を要約すると，次のようになる。

①一貫して学力と正の，相対的に強い相関：知能，学習コンピテンス

②ほぼ一貫して学力と正の，相対的に弱い相関：学習方略，自律的な動機づけ（内発的調整，同一化調整），親の期待の肯定的受け止め

③ほぼ一貫して学力と負の，相対的に弱い相関：統制的な動機づけ（取入調整，外的調整），親の期待の否定的受け止め

④女子でのみ学力と正の，相対的に弱い相関：性格の統制性

⑤主に女子で学力と負の，相対的に弱い相関：性格の情緒性

以上から，男女に共通して学力を促進する可能性がある要因は知能，学習コンピテンス，自律的動機づけ，親の期待の肯定的受け止め，一方，抑制する可能性がある要因は，統制的動機づけ，親の期待の否定的受け止めであると考えられる。

第5章では，これらの相互の影響関係を検討する。また，第3章で見出した典型的な学力の変化パターンと組み合わせて検討し，何が学力を決定づけるかについても検討する。なお，性格については，主に女子でのみ弱い相関が見られただけなので，以後の分析からは除外することとした。

第 5 章　総合的検討

本章では，まず，第 4 章で検討した学力を規定する諸要因相互の関連性について検討する。次に，第 3 章で見出した学力の変化パターンのいくつかに着目し，当該の変化がどの要因によるものかを探索する。

5.1　学力を規定する諸要因の相互関連性の分析

5.1.1　目的

ここでは，第 4 章で検討した要因のうち，知能，動機づけ，学習コンピテンス，学習方略，親の期待の受け止め方を取り上げ，それら相互の関連性を検討する。その際，動機づけを軸にして，櫻井・大内・及川（2009）が提起した「自ら学ぶ意欲の発現プロセス」（図5.1-1）を参考にして進める。

このモデルでは，動機づけのプロセスとして，まず，欲求・動機があり，それによって学習行動が喚起される。この学習行動の中には学習方略も含まれる。学習行動の結果に対して，感情・認知が生じ，それが欲求・動機にフィードバックされる。こうしたプロセスを支える要因として，安心して学べる物的環境，人的環境がある。

本研究では，このモデルに，学年進行の情報を組み入れ，次のプロセスを想定する。

①4.4の結果から，前の学年の学力（すなわち，学習行動の結果）は，当該学年の学習コンピテンス（結果に対する感情・認知）に影響するであろう。

②学習コンピテンスは，動機づけの 4 つのスタイル（欲求・動機）に影響するであろう。また，動機づけには，親の期待に対する受け止め方（安心し

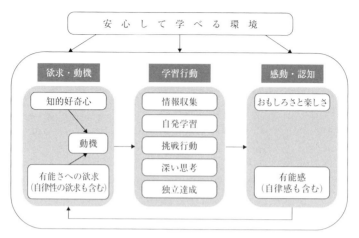

図5.1-1　自ら学ぶ意欲の発現プロセス（櫻井他，2009）

て学べる環境）が影響するであろう。

　③動機づけの4つのスタイルは学習方略（学習行動）に影響するであろう。また，学習方略には，知能も影響するであろう。

　本節では，以上の3つの予測について検証する。

5.1.2　方法

　本来ならば，4年〜6年の3学年分のデータのある2009年度入学者を対象に縦断的に分析すべきであるが，動機づけ，学習コンピテンス，学習方略，親の期待の受け止め方についての質問紙において，欠損値の無い者は少なく，統計分析に耐えうるデータ数が確保できなかった。そこで，入学年度を込みにして，4年〜6年の学年ごとに分析することとした。

　各学年で質問紙データに欠損値の無い者を対象にした。4年生の分析では，2009年入学者48名，2010年度入学者37名，2011年度入学者15名，計100名，5年生の分析では，2009年入学者45名，2010年度入学者41名，計86名，6年生の分析では2008年度入学者38名，2009年度入学者42名，計80名を対象

5.1.3 結果

(1)前学年の学業成績が当該学年の学習コンピテンスに及ぼす影響

　各学年の学習コンピテンス尺度得点と前学年時の算数偏差値，国語偏差値との相関を算出した。表5.1-1に示す通り，すべての学年の学習コンピテンスと前学年時の学業成績の間には，有意な正の相関が見られた。相関の強さは中程度であった。

　この結果に基づき，学年ごとに，学習コンピテンス尺度得点を従属変数，前学年の算数偏差値，国語偏差値を独立変数にして重回帰分析を行った。なお，付録8の付表8-1に示した通り，算数偏差値と国語偏差値の間には有意な比較的強い相関が見られたが，付表8-2に示した通り，VIFはすべて5未満であった。よって，多重共線性を考慮した解釈を行う必要はないと判断した。

　各独立変数の標準偏回帰係数（β）を見ると，表5.1-2に示す通り，いずれの学年の学習コンピテンスに対しても，前学年時の算数偏差値のみが有意な正の影響を及ぼした。

表5.1-1　各学年の学習コンピテンス尺度得点と前学年の算数偏差値，国語偏差値の相関

	前学年の学業成績	
	算数偏差値	国語偏差値
4年	.669**	.590**
5年	.563**	.419**
6年	.463**	.432**

**$p<.01$

表5.1-2　各学年の学習コンピテンス尺度得点を従属変数，
前学年時の算数偏差値，国語偏差値を独立変数にした重回帰分析の結果

	4年	5年	6年
	β	β	β
算数偏差値	.524**	.492**	.315*
国語偏差値	.189	.115	.210
自由度調整済み R^2	.451**	.309**	.217**

*$p<.05$, **$p<.01$

(2)学習コンピテンス，親の期待の受け止め方が動機づけに及ぼす影響

学年ごとに，学習コンピテンス，親の期待の受け止め方と，動機づけの各尺度・下位尺度得点の相関係数を算出した。

表5.1-3に示す通り，学習コンピテンスと親の期待の肯定的な受け止めと，内発調整及び同一化調整との間には一貫して有意な正の相関が見られた。また，学習コンピテンスと，4年時の取入調整，5，6年時の外的調整との間には，有意な負の相関が見られた。

親の期待の否定的な受け止めと外的調整の間には一貫して有意な正の相関が見られた。また，5年，6年の内発調整との間には有意な負の相関が見られた。

以上に基づき，動機づけの4つの下位尺度得点を従属変数，学習コンピテンス尺度得点と親の期待の受け止め方の2つの下位尺度得点を独立変数にした重回帰分析を行った。なお，付録8の付表8-3に示した通り，独立変数の間には有意な中程度から比較的弱い相関が見られたが，付表8-4に示した通り，VIFはすべて5未満であった。よって，多重共線性を考慮した解釈を行う必要はないと判断した。

各独立変数の標準偏回帰係数（β）を見ると，表5.1-4に示す通り，まず，内発調整に対しては，4年生と6年生においては，学習コンピテンスと肯定

表5.1-3 各学年における学習コンピテンス尺度得点，親の期待の受け止め方の2つの下位尺度得点と動機づけの4つの下位尺度得点との相関係数

		内発調整	同一化調整	取入調整	外的調整
4年	学習コンピテンス	.540**	.470**	−.202*	−.175
	肯定的受け止め	.418**	.381**	.079	−.076
	否定的受け止め	−.078	−.048	.136	.349**
5年	学習コンピテンス	.616**	.309**	−.170	−.305**
	肯定的受け止め	.401**	.452**	.207	−.171
	否定的受け止め	−.314**	−.208	.227*	.300**
6年	学習コンピテンス	.628**	.391**	−.161	−.345**
	肯定的受け止め	.454**	.700**	.106	−.180
	否定的受け止め	−.288**	−.105	.175	.268*

*p<.05, **p<.01

表5.1-4 動機づけの4つの下位尺度得点を従属変数，学習コンピテンス尺度得点，親の期待の受け止め方の2つの下位尺度得点を独立変数にした重回帰分析の結果

		内発調整 β	同一化調整 β	取入調整 β	外的調整 β
4年	学習コンピテンス	.453**	.384**	−.296**	−.213*
	肯定的受け止め	.232*	.225*	.211*	.042
	否定的受け止め	−.084	−.050	.173	.366**
	自由度調整済み R^2	.328**	.246**	.072*	.136**
5年	学習コンピテンス	.507**	.104	−.289*	−.237*
	肯定的受け止め	.153	.390**	.358**	−.038
	否定的受け止め	−.195*	−.147	.205*	.248*
	自由度調整済み R^2	.415**	.211**	.139**	.122**
6年	学習コンピテンス	.519**	.230**		−.275*
	肯定的受け止め	.304**	.644**		−.086
	否定的受け止め	−.119	.032		.187
	自由度調整済み R^2	.478**	.519**		.127**

*p<.05, **p<.01

的受け止めが有意な正の影響を及ぼした。5年生においては，学習コンピテンスが有意な正の影響，否定的受け止めが有意な負の影響を及ぼした。

同一化調整に対しては，4年生と6年生においては，学習コンピテンスと肯定的受け止めが有意な正の影響を及ぼした。5年生においては，肯定的な受け止めのみが有意な正の影響を及ぼした。

取入調整に対しては，4年生，5年生ともに，学習コンピテンスが有意な負の影響を，肯定的な受け止めが有意な正の影響を，加えて，5年生では否定的な受け止めが有意な正の影響を及ぼした。6年生では有意な回帰式は得られなかった。

外的調整に対しては，一貫して学習コンピテンスが有意な負の影響を及ぼした。また，4年生と5年生では，否定的な受け止めが有意な正の影響を及ぼした。

(3)動機づけと知能が学習方略に及ぼす影響

動機づけの4つの下位尺度得点，知能偏差値と，学習方略の2つの下位尺度得点との相関係数を算出した。その結果，表5.1-5に示す通り，動機づけの4つの下位尺度とプランニング方略，作業方略との相関は5，6年で同様であり，内発調整，同一化調整とは有意な正の相関，取入調整とは有意な相関は見られず，外的調整とは有意な負の相関が見られた。

知能偏差値は，5年生の作業方略との間にのみ，有意な正の相関が見られた。

以上に基づき，学習方略の2つの下位尺度得点を従属変数に，動機づけの4つの下位尺度得点，知能偏差値を独立変数にして重回帰分析を行った。なお，付録8の付表8-5に示した通り，独立変数の間には有意な中程度から比較的弱い相関が見られたが，付表8-6に示した通り，VIFはすべて5未満であった。よって，多重共線性を考慮した解釈を行う必要はないと判断した。

各独立変数の標準偏回帰係数（β）をみると，表5.1-6に示す通り，プラン

第 5 章　総合的検討　141

表5.1-5　動機づけの 4 つの下位尺度得点，知能偏差値と，学習方略の 2 つの下位尺度得点との相関係数

		プランニング方略	作業方略
5 年	内発調整	.519**	.539**
	同一化調整	.343**	.307**
	取入調整	-.090	-.086
	外的調整	-.275*	-.243*
	知能偏差値	.201	.316**
6 年	内発調整	.489**	.478**
	同一化調整	.509**	.511**
	取入調整	-.012	.042
	外的調整	-.228*	-.384**
	知能偏差値	-.161	-.051

*p<.05, **p<.01

表5.1-6　学習方略の 2 つの下位尺度得点を従属変数，動機づけの 4 つの下位尺度得点と知能偏差値を独立変数にした重回帰分析の結果

		プランニング方略	作業方略
		β	β
5 年	内発調整	.402**	.460**
	同一化調整	.146	.076
	取入調整	-.030	-.019
	外的調整	-.057	-.009
	知能偏差値	.122	.237*
	自由度調整済み R^2	.258**	.309**
6 年	内発調整	.258	.200
	同一化調整	.370**	.302*
	取入調整	-.135	.093
	外的調整	-.042	-.326**
	知能偏差値	-.232*	-.075
	自由度調整済み R^2	.318**	.343**

*p<.05, **p<.01

ニング方略に対しては，5年生では，内発調整のみが有意な正の影響を及ぼした。6年生では，同一化調整が有意な正の影響を，知能が有意な負の影響を及ぼした。

作業方略に対しては，5年生では，内発調整と知能が有意な正の影響を及ぼした。6年生では，同一化調整が正の影響を，外的調整が負の影響を及ぼした。

5.1.4 考察

本節では，櫻井他（2009）による「自ら学ぶ意欲の発現プロセス」の枠組みを参考に，重回帰分析によって3つの予測を検証した。

まず，各学年の学習コンピテンスに対しては，上記①の予測通り，前の学年時の成績が促進的な影響を及ぼした。ただし，算数の成績のみが寄与し，国語の成績は寄与しなかった。算数ができることが児童にとって学習コンピテンスを高めやすいことが示唆される。

次に，動機づけに対しては，全体的に，学習コンピテンスと，親の期待に対する否定的な受け止めが対照的に機能した。内発調整や同一化調整といった自律的な動機づけには，学習コンピテンスは促進的に，否定的な受け止めは抑制的に影響するが，取入調整，外的調整といった統制的な動機づけには，学習コンピテンスは抑制的に，否定的な受け止めは促進的に影響した。

一方，親の期待に対する肯定的な受け止めは，自律的な動機づけに対しては学習コンピテンスと同様に正の影響を及ぼしたが，同時に，取入調整にも正の影響を及ぼした。親の期待に対する肯定的な受け止めは，自律性が促される反面，「お父さん，お母さんのために勉強する」といった他律性も同時に促すといったアンビバレントな機能を発揮するのかもしれない。いずれにせよ，上記②の予測は支持された。

学習方略に対しては，一貫して，内発調整，同一化調整といった自律的な動機づけは促進的に影響し，外的調整は抑制的な影響を及ぼした。取入調整

は一貫して寄与することはなかった。知能は，5年生の作業方略のみに寄与しただけであった。このことから，学習方略使用は，知能といった知的側面ではなく，人格・態度的側面によって決定づけられることが示唆された。上記③の予測は部分的に支持された。

以上，重回帰分析のくり返しによるものであるが，学力を規定する要因相互間の影響関係が明らかになった。ある学年時の学力の向上が，次の学年時の学習コンピテンスを向上させ，それによって，より自律的な動機づけが促され，効果的な学習方略の使用へと至る，といったプロセスが想定できる。

5.2 学力の変化パターンとの関連

5.2.1 目的

第3章では，学力の変化の典型パターンとして，国語，算数ともに10パターンずつを見出した。ここでは，それらの違いがどの要因によって生じるかを可能な限り探索する。

5.2.2 方法

分析対象の選定 質問紙調査の対象者のうち，6年間の算数と国語の偏差値に欠損値がなく，学力変化の典型パターンに分類された児童は，2007年度～2009年度入学者243名であった。

各パターンの度数は表5.2-1の通りである。このうち，質問紙調査の対象が4年生以上であることから，学力の変化が4年生以降に生じ，かつ，度数が少なくとも10人以上のパターンを選定することとした。算数では，1学年上位・5年生型，1学年下位・6年生型が該当した。一方，国語では該当するものがなかった。

分析の方針 図5.2-1のaに示す通り，1学年上位・5年生型は，1年～

表5.2-1　2007年度〜2009年度入学者における学力の変化パターンの分布

算数			国語		
変化パターン	度数	%	変化パターン	度数	%
1学年上位・5年生型	15	6.2	1学年上位・6年生型	6	2.5
1学年上位・1年生型	8	3.3	1学年上位・1年生型	3	1.2
2学年上位・56年生型	3	1.2	1学年上位・4年生型	7	2.9
3学年折半・456年生型	10	4.1	3学年折半・456年生型	3	1.2
2学年下位・12年生型	4	1.6	2学年下位・12年生型	2	0.8
1学年下位・2年生型	14	5.8	1学年下位・2年生型	8	3.3
1学年下位・6年生型	12	4.9	1学年下位・1年生型	8	3.3
1学年下位・3年生型	7	2.9	1学年下位・3年生型	7	2.9
1学年下位・1年生型	7	2.9	1学年下位・5年生型	4	1.6
一定型	87	35.8	一定型	150	61.7
その他	76	31.3	その他	45	18.5
合計	243	100.0	合計	243	100.0

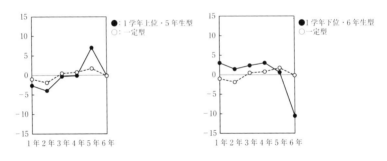

a.1学年上位・5年生型のパターン　　b.1学年下位・6年生型のパターン

図5.2-1　分析対象とした算数の変化パターン（縦軸は変換得点）

4年まではほぼ一定であったが，5年時に著しく上昇し，6年時に4年時までの水準に戻るタイプである。この5年時の変化が何によって生じたのかを探ることが焦点となる。そこで，一定型を対照群として，5年時の動機づけ，学習コンピテンス，学習方略，親の期待の受け止め方を比較する。

1学年下位・6年生型は，図5.2-1のbに示す通り，1年〜5年まではほ

ほぼ一定に推移したが，6年時に著しく下降するタイプである。これについても，一定型を対照群として，6年時の動機づけ，学習コンピテンス，学習方略，親の期待の受け止め方を比較する。

5.2.3 結果

(1) 1学年上位・5年生型と一定型の比較

5年時の動機づけ，学習コンピテンス，学習方略，親の期待の受け止め方の尺度得点について t 検定を行った。その結果，表5.2-2の通り，内発調整，学習コンピテンスでのみ有意差が見られ，両者ともに1学年上位・5年生型の方が，一定型よりも有意に高い得点であった。

(2) 1学年下位・6年生型と一定型の比較

6年時の動機づけ，学習コンピテンス，学習方略，親の期待の受け止め方の尺度得点について t 検定を行った。その結果，表5.2-3の通り，学習コンピテンスでのみ有意差が見られ，1学年下位・6年生型の方が，一定型よりも有意に低い得点であった。

表5.2-2 1学年上位・5年生型と一定型の内的調整，学習コンピテンス（ともに5年時）の平均（M）と標準偏差（SD），t 検定の結果

		1学年上位・5年生型	一定型	t 検定の結果
内発調整	N	12	58	$t(68) = 2.83$, $p < .01$
	M	3.42	2.65	
	SD	0.81	0.87	
学習コンピテンス	N	11	57	
	M	33.73	29.68	$t(66) = 2.03$, $p < .01$
	SD	4.58	6.29	

表5.2-3　1学年下位・6年生型と一定型の学習コンピテンス（6年時）の平均（M）と標準偏差（SD），t検定の結果

	1学年下位・6年生型	一定型	t検定の結果
N	11	79	$t(88) = 3.45$, $p < .01$
M	23.55	30.44	
SD	5.77	6.27	

5.2.4　考察

本節では，4年生以降の算数の学力変化が特徴的な2つのパターンについて，一定型と比較して，その規定要因を探った。

1年〜4年まではほぼ一定で，5年時に著しく上昇し，6年時に4年時までの水準に戻る，1学年上位・5年生型は，一定型よりも5年時の学習コンピテンスが高かった。また，1年〜5年まではほぼ一定に推移し，6年時に著しく下降する，1学年下位・6年生型は，一定型よりも6年時の学習コンピテンスが低かった。このことから，両パターンに共通して，学習コンピテンスが著しい変化の決定的な要因であることが示唆された。

この点に関しては，すでに，第4章において，知能とならび，学力と直接的に強い関連性のある要因は，学習コンピテンスであることが明らかになったが，今回の結果は，それと整合するものである。

5.3　本章のまとめ

5.1では，前学年時の学力から学習コンピテンス，学習コンピテンスから動機づけ，動機づけから学習方略，といった相互の影響関係が明らかになった。また，5.2では，高学年時における学力の急激な変化は，学習コンピテンスと密接に関連していることも明らかになった。

以上から，学習コンピテンスは，学力を規定する決定的な要因であると考えられる。前述した通り，第4章において，知能と並んで，学力と関連性の強い要因であることが明らかにされてもいる。

この点に関連して，最後に，算数偏差値，国語偏差値を従属変数，学習コンピテンス尺度得点と知能偏差値を独立変数とした重回帰分析を行ってみたい。

分析対象は，5.1と同じとする。また，独立変数と従属変数の相関係数についてはこれまでの分析から明らかに有意な正の相関となるので割愛する。なお，付録9の付表9-1に示した通り，学習コンピテンス尺度得点と知能偏差値の間には有意な中程度の強さの相関が見られたが，付表9-2に示した通り，VIFはすべて5未満であった。よって，多重共線性を考慮した解釈を行う必要はないと判断した。

表5.3-1に示す通り，標準偏回帰係数（β）を見ると，5年時の国語以外は，学習コンピテンスは学業成績に有意な正の影響を及ぼす。また，学習コンピテンスの影響力は，算数よりも国語の方が小さい。さらに，6年生の算数においては学習コンピテンスの方が，知能よりも影響力が強い。

かくして，学習コンピテンスは，知能に匹敵する学力の規定要因ということが確認された。

表5.3-1　算数偏差値，国語偏差値を従属変数，学習コンピテンス尺度得点，知能偏差値を独立変数にした重回帰分析の結果

	4年 算数 β	4年 国語 β	5年 算数 β	5年 国語 β	6年 算数 β	6年 国語 β
学習コンピテンス尺度得点	.419**	.270**	.276**	.136	.465**	.298**
知能偏差値	.444**	.561**	.541**	.592**	.377**	.444**
自由度調整済み R^2	.544**	.525**	.509**	.440**	.473**	.366**

**$p<.01$

第6章 結　論

6.1　本研究の成果

　本研究の目的は，児童期の学力の発達的変化とその規定要因を心理学的な観点から実証的に明らかにすることであった。方法論としては，研究協力校で毎年実施され，19年間にわたって蓄積された標準学力検査及び知能検査の縦断データを利用し，また，3年間にわたって4年生以上を対象に学力の規定要因に関する質問紙調査を実施した。

　それに先立ち，第1章において，日本における児童の学力についての心理学的研究を概観した。その結果，児童の学力に関する心理学的な研究は，研究数自体が少なく，また，比較的古い時代になされたものが多かった。一方では，教育社会学の領域では，2000年前後の学力低下論争を契機に，児童の学力に関する実態調査が積極的になされていた。しかしながら，それらの目的は学力格差を生みだす環境的要因の把握にあり，本研究の目指す，個人の心理的要因の解明とは一線を画すものであった。この意味においても，本研究のテーマには一定の意義があるといえた。

　第3章では，本研究の第1の課題である，児童期における学力の発達的変化について検討した。その結果，まず，小学校6年間の学力の因子構造が，算数，国語ともに3因子構造が妥当であることを明らかにした。これまでの先行研究では，中学校3年間を含めた9年間のデータから3因子構造であることが示唆されてきたが，小学校6年間だけのデータでそれを明らかにしたのは，本研究がはじめてである。児童期の学力が3因子構造であることは，これまで教育現場において，「9歳あるいは10歳の壁」という名称で認知さ

れてきた，学力の個人差が拡大する現象を裏づけるものでもあった。

　また，小学校6年間の学力の変化は多様であるが，ある典型的なパターンに収束することも明らかにした。大きくは，6年間あまり変動のないタイプ，4年生を境界にして，低学年で変動の激しいタイプ，高学年で変動が激しいタイプの3つに分類された。これらのタイプがどのように生じるかについては，本研究では十分に解明できなかったが，少なくとも，個人の学力についての発達軌跡を検討する上で，一つの先見的な情報にはなるであろう。

　なお，このパターンの解析にあたっては，共通一次テスト受験者の得手・不得手のパターン解析の手法を応用した。統計的には高度な手法ではないが，本研究でも試みた潜在曲線モデルといった構造方程式モデリング（SEM）では汲みつくせない多様なパターンを抽出することができた。

　本研究の第2の課題については，第4章で検討した。知能，性格，動機づけ，学習コンピテンス，学習方略，親の期待を取り上げ，それぞれの発達的変化と学力との関連性について検討した。

　知能については，学力と強い相関があること，また，発達的には一定ではなく動揺するといった従来からの頑健な現象については確認できた。新たな知見としては，オーバーアチーバー（OA）とアンダーアチーバー（UA）の6年間の発達的な変化を記述したことである。本研究の対象者においては，いずれの学年においてもバランスドアチーバー（BA）がもっとも多く，学年進行に伴いOAは減少，UAが増加する傾向にあった。ただし，5年生においては，OAが増加した。また，個人内の変化パターンをみると，個人差が非常に大きかったが，全体的にBAからはOAに変化し易いことがわかった。従来の研究では，OAとUAの比較がなされ，UAの不適応状況や問題点が指摘されてきたが，むしろ，先にも述べた通り，OAが中学受験によって，実力以上の能力を発揮しているような状況であれば，必ずしも適応的であるとはいえない。本研究の結果は，このサンプルに固有の特徴かもしれないが，OAの適応状況を再考すべきといった一つの問題提起になった。

性格については，小学生を対象に5因子性格検査と学力との関連をみたが，少なくとも現時点では日本では数少ない試みであろう。その結果，女子において，統制性と情緒性が学力と関連することが明らかになった。本研究の問題意識からは外れるため，現象記述にとどめたが，国語において女子が男子よりも一貫して成績が良いことも含め，ジェンダーと学力の問題として検討する必要があろう。また，学力の個人差の実相に迫るためには，ある一時点の学力とだけではなく，学力の変化パターンと性格との関連性を詳細に検討すべきでもあろう。

　動機づけについては，自己決定理論による動機づけの4つのスタイルと学力との関連をみたが，これまで，小学生を対象に検討した研究は国内ではなされてない。その結果，自己決定理論が想定する自律性の連続性に沿った形で，学力との関連性が見られた。すなわち，自律的な動機づけ（内発調整，同一化調整）は学力と正の相関，統制的な動機づけ（取入調整，外的調整）は学力と負の相関という，理論から予測される通りの結果であった。自己決定理論の妥当性を示す結果でもある。

　学習コンピテンスについては，従来の研究において示唆されてきたように，学力とは比較的強い関連があることが確認された。新たな知見としては，学習コンピテンスが学年進行に伴い必ずしも低下しないことである。4.4でも述べたが，学年進行とともに学習コンピテンスが低下するとした桜井(1983)の結果が，教育心理学のテキストに広く掲載されているが，それに疑義を示す結果である。むしろ，桜井(1983)の結果以降，追試が十分になされてこなかったこと，ひいては，児童の学力研究自体の少なさを示す傍証でもある。また，低学年時における学力の伸びが，高学年時の安定した学習コンピテンスを形成する可能性が明らかになった。学習コンピテンスと学力が相互作用するといわれてきたが，それが小学校6年間のスパンにおいて，時間的にどのように展開されるかを示唆する結果である。

　学習方略については，佐藤・新井(1998)の追試を行ったところ，支持す

る結果を得た。佐藤・新井（1998）の測定尺度の信頼性・妥当性の高さを示す結果であり，学習方略の研究においては，この尺度の使用が推奨される。

親の学業領域における子どもに対する期待については，その受け止め方について新たに尺度を作成した。肯定的な受け止めと否定的な受け止めの2因子となったが，学力との相関にはそれぞれ独自のパターンが見られ，1次元上のポジ・ネガではなかった。親の期待を肯定的に受け止めると学力は促進されるが，否定的に受け止めても学力が抑制されるわけではないことが明らかにされた。

さらに，第5章では，第4章で検討した諸要因の相互の関連性が検討された。その結果，ある学年の学力→次の学年の学習コンピテンス→動機づけ→学習方略，といった影響関係があることが明らかにされた。その際，動機づけには，親の期待の受け止め方も影響した。

また，第3章で見出した学力変化のパターンのうち，算数の学力が高学年で乱高下する2パターンを取り上げ，その原因を探ったところ，学習コンピテンスが影響していることがわかった。

以上から，学習コンピテンスが学力の規定要因として決定的であることが明らかにされた。知能と学習コンピテンスを独立変数にして，算数偏差値，国語偏差値を従属変数にして重回帰分析を行ったところ，決定係数は高く，また，両者はほぼ同等の正の影響力があった。

このことは，教育的にはきわめて意義のある知見であろう。もし，知能だけで学力が決定される場合，教育的介入の余地はきわめて少ない。それに対し，本研究の結果は，学習コンピテンスという可塑性のある特性に働きかけをすることによって，学力が向上する可能性を示唆するものである。

学習コンピテンスへの具体的な働きかけについては，4.4と5.1で明らかにしたように，前学年時までの学力が鍵を握る。小学校6年間のスパンで考えた場合，低学年時に基礎学力を確実に習得させること，とくに，一生懸命取り組んだことによって，成績が向上したことを実感させるといった経験が，

高学年以降の高い水準の学習コンピテンスの形成につながると考えられる。

6.2 本研究の限界

　以上，本研究では，学術的にも，教育実践的にも一定の意義のある知見を提出したが，次の点について留意する必要がある。

　第1は，すでに第1章において述べた通り，本研究のデータは首都圏の私立小学校のものということである。対象者の家庭は一定の経済的水準をクリアし，また，対象者は，通常，私立中学を受験する。教育社会学の観点からいえば，偏ったサンプルであり，この意味では，一種の事例研究ともいえる。しかしながら，心理的メカニズムを探る上では，いわば等質性の高い集団であり，明らかにされた知見も当該フィールドにとっては一定の現実的妥当性はあると考えられる。重要なことは，倉元（2006）が指摘するように，本研究の成果の「使える範囲」と「有効期限」に常に留意すべきことであろう。

　第2は，データの欠測である。これは縦断データの短所であり，本研究においても，回答ミスに加え，欠席や転校などによっても生じた。このため，とくに質問紙調査においては，3年間のデータがすべて揃っている対象者が少なく，縦断的な分析を断念せざるを得ないこともあった。論文中にも明記したが，次善の策として横断的な分析で対処した。なお，研究協力校でのデータ収集は今後も継続し，縦断データを蓄積していく予定である。

　第3は，記述データの質的な分析がなされていないことである。おそらく，学習コンピテンスや動機づけといった人格・態度的側面の変容にあたっては，個別の具体的なエピソードがあると考えられる。この点について，質問紙では，「勉強のことで今まででいちばんうれしかったことはなんですか。それは何年生のときのことですか」という設問も用意し，自由記述による回答も収集している。今回，分析するに至らなかったが，今後は詳細に分

析し，数量データと突き合わせて検討したい。

6.3　今後の課題

　本研究で明らかになった点を踏まえ，さらに次のことを追及する必要がある。

　第1は，学習コンピテンスは学力に対して促進的に影響することがわかったが，なぜ，そう機能するかである。学習コンピテンスは，あくまで，人格・態度的側面であり，それが学力に結びつくには，何らかの行動を媒介する必要があろう。この点，本研究では，学習方略のうち，プランニング方略と作業方略に着目したが，学力との相関はそれほど強くなかった。これらとは異なる方略を含めた学習行動があるように考えられる。

　第2は，低学年時の状態の把握である。本研究では，高学年時の安定した学習コンピテンスの要因として，低学年時の学力の伸びがあることが示唆されたが，では，なぜ伸びたのかを明らかにする必要があろう。この点については，保護者あるいは学級担任による観察データか，あるいは，児童へのインタビューといった方法が考えられる。

　第3は，中学受験の影響である。本研究のサンプルでは，5年時に学業成績が著しく高くなり，それと相まって，OAが増える傾向にあった。そして，その原因が私立中学受験にあるのではないかと推測した。小学生にとって受験がどのように意味づけられ，学習行動や動機づけが影響されるのかについては，ほとんど実証的には検討されていない。本研究の協力校にとっては，重要な課題とも考えられる。

　第4は，個人差の詳細な検討である。例えば，学習意欲（学習動機づけ）は，近年，個人の特性に起因する「パーソナリティ意欲」，活動の種類と個人の相性に依存する「文脈意欲」，そして時間進行の中で波のように変化する「状況意欲」といった，3つの水準で捉えることが提唱されている（鹿

毛，2004)。本研究で取り上げた学習意欲は，パーソナリティ意欲の水準である。個に応じた指導を構想する上では，「算数は嫌いだが，国語は好き」といった文脈意欲に着目する必要があろう。

　以上に加え，研究成果を協力校に還元することも重要な課題である。この点については，毎年，校内の教員研修会において研究成果を報告している。しかしながら，報告に止まり，実際の教育改善にどう役立っているかは定かではない。今後は，教員との連携を深め，研究協力校にとってもメリットのある研究として取り組んでいく。

　以上，いくつかの課題を残したが，本研究では，研究協力校に蓄積されたままであった標準学力検査のデータを活用し，児童期の学力の様相の一端を明らかにした。学力の発達は複雑であり，何が学力向上に結びつくかは単純ではなく，また，個人差も大きい。チャレンジングな課題である。ただし，児童からのデータ収集自体が倫理的にも難しい現在，こうした課題に接近するには，各小学校に眠る「教育情報」を発掘していくことは有効であろう。この意味で，本研究は，教育情報学における，1つの研究の姿を提示するものでもある。

引 用 文 献

安彦忠彦（1996）．新学力観と基礎学力—何が問われているか　明治図書

Ahammer, I. M., & Schaie, K. W. (1970). Age differences in the relationship between personality questionnaire factors and school achievement. *Journal of Educational Psychology, 61*, 193-197.

天野 清・黒須俊夫（1992）．小学生の国語・算数の学力　秋山書店

蘭 千壽・大坪英夫（1984）．児童の知能，学力と性格・行動の教師評定に関する縦断的研究　日本教育心理学会第26回総会発表論文集，452-453.

在竹 隆（1968）．Ⅱ　僻地児童生徒の学力の特性とその変動（第9回総会宿題報告　僻地社会の変動と児童生徒の人格発達—教育的環境条件の改善変化を中心として—）　教育心理学年報，*7*，48-51，141．

東 洋（1988）．学力　東 洋・梅本堯夫・芝 祐順・梶田叡一（編）現代教育評価事典（pp.82-84）金子書房

Bloom, B. S. (1964). *Stability and change in human characteristics*. New York: John Wiley & Sons.

Deci, E. L., & Ryan, R. M. (Eds.) (2002). *Handbook of self-determination research*. Rochester, NY: University of Rochester Press.

Englund, M. M., Luckner, A. E., Whaley, G. J. L., & Egeland, B. (2004). Children's achievement in early elementary school: Longitudinal effects of parental involvement, expectations, and quality of assistance. *Journal of Educational Psychology, 96*, 723-730.

Eysenck, H.J., & Cookson, D. (1969). Personality in primary school children: 1.-Ability and achievement. *British Journal of Educational Psychology, 39*, 109-122.

藤井悦雄（1965）．学力に及ぼす要因の分析—文化的，地域的環境要因の影響—　教育心理，*13*，274-277．

藤村宣之（2011）．児童期　無藤 隆・子安増生（編）発達心理学Ⅰ（pp.299-338）．東京大学出版会

藤岡秀樹（1986）．日本における学力研究の最近の動向について(1)　岩手大学教育学部研究年報，*46*，133-144．

藤岡秀樹（1987）．日本における学力研究の最近の動向について(2)　岩手大学教育学

部研究年報, *47*, 73-94.
藤岡秀樹 (1988). 日本における最近の学力の研究動向について 日本教育心理学会第30回総会発表論文集, 760-761.
藤田恵璽 (1995). 藤田恵璽著作集2 教育評価と実践研究 金子書房
八野正男 (1981). 知能の評価 辰野千寿・高野清純・加藤隆勝・福沢周亮 (編) 測定と評価の心理 (pp.109-138) 教育出版
Harter, S. (1982). The perceived competence scale for children. *Child Development, 53*, 87-97.
速水敏彦・長谷川 孝 (1979). 学業成績の因果帰着 教育心理学研究, *27*, 197-205.
平沢和司・古田和久・藤原 翔 (2013). 社会階層と教育研究の動向と課題—高学歴化社会における格差の構造— 教育社会学研究, 93, 151-191.
池上喜八郎・金子勛栄 (1974). 教科成績からみた能力の発達に関する分析的研究(2) 新潟大学教育学部高田分校研究紀要, *19*, 1-14.
石川清治・比嘉 敬 (1988). 沖縄の児童・生徒の算数（数学）の学習達成と国語学力の関連性についての発達的研究 琉球大学教育学部紀要 第1部・第2部, *33*, 161-192.
石隈利紀 (1999). 学校心理学 教師・スクールカウンセラー・保護者のチームによる心理教育的援助サービス 誠信書房
角屋重樹・蛯谷米司 (1980). 学力の構造化に関する基礎的研究(Ⅳ)—通知表における5段階評価に現れた教科間の関連について— 広島大学教育学部紀要第2部, *29*, 149-157.
鹿毛雅治 (2004).「動機づけ研究」へのいざない 上淵寿（編） 動機づけ研究の最前線 (pp.1-28) 北大路書房
神田信彦 (1999). 小学生の学業成績への一般統制感の影響 白梅学園短期大学紀要, *35*, 45-51.
苅谷剛彦・志水宏吉（編）(2004). 学力の社会学 調査が示す学力の変化と学習の課題 岩波書店
柏木惠子 (1990). 環境としての親の期待 発達, *41*, 9-17.
春日秀朗・宇都宮博・サトウタツヤ (2013). 親の期待に対する反応様式の発達的変化—大学生の回想データから— 立命館人間科学研究, *28*, 127-136.
川口俊明 (2011). 日本の学力研究の現状と課題 日本労働研究雑誌, *53*, 6-15.
川崎弘佳・馬場園陽一 (2009). 学習動機とメタ認知的学習方略が教科学力に及ぼす影響 日本教育心理学会第51回総会発表論文集, 151.

城戸幡太郎（1953）．学力の問題　教育心理学研究，*1*，1-8, 60.

木下繁彌（2003）．学力　安彦忠彦・新井邦男・飯長喜一郎・井口磯夫・木原孝博・児島邦宏・堀口秀嗣（編）　新版　現代学校教育大事典（pp.374-376）　ぎょうせい

北尾倫彦（2006）．不適応児の理解と指導　北尾倫彦・中島　実・林　龍平・広瀬雄彦・高岡昌子・伊藤美加　精選コンパクト教育心理学─教師になる人のために─（pp.106-115）　北大路書房

木澤光子（2005）．思春期の心性に関する研究⑪─親の期待との関係─　岐阜女子大学紀要，*34*，53-59.

国立大学法人お茶の水女子大学（2014）．平成25年度全国学力・学習状況調査（きめ細かい調査）の結果を活用した学力に影響を与える要因分析に関する調査研究（平成25年度「学力調査を活用した専門的な課題分析に関する調査研究」）　国立大学法人お茶の水女子大学
http://www.nier.go.jp/13chousakekkahoukoku/kannren_chousa/pdf/hogosha_factorial_experiment.pdf（2018年9月30日）

倉元直樹（2006）．「心理学研究」を始める前に　吉田寿夫（編）　心理学の新しいかたち　第3巻　心理学研究法の新しいかたち（pp.3-18）　誠信書房

倉元直樹（2011）．教育政策と学力測定の技術　日本児童研究所（編）　児童心理学の進歩 Vol.50（pp.119-230）　金子書房

黒田直実・香川京子（1992）．学習障害児と学業不振児　香川大学教育学部研究報告Ⅱ，*42*，19-45.

黒田祐二（2013）．児童期の知性の発達　櫻井茂男・佐藤有耕（編）　スタンダード発達心理学（pp.105-121）　サイエンス社

鈎　治雄・倉智佐一（1975）．児童における学力とパーソナリティ⑴　日本教育心理学会第17回総会発表論文集，440-441.

松原達哉（1967）．学業不均衡児に関する研究　教育心理学研究，*15*，135-144, 189-190.

松浦　宏（1972）．学習意欲と学業成績の関係　大阪教育大学紀要第Ⅳ部門教育科学，*21*，63-72.

松崎　学（2009）．ある公立小学校における取り組みの総括と今後の日本の教育への提言　山形大学教職・教育実践研究，*4*，71-82.

耳塚寛明（2004）．教育課程行政と学力低下─関東調査による検討　苅谷剛彦・志水宏吉（編）　学力の社会学　調査が示す学力の変化と学習の課題（pp.21-36）　岩

波書店
耳塚寛明（2007a）．小学校学力格差に挑む　だれが学力を獲得するのか　教育社会学研究，*80*，23-39．
耳塚寛明（2007b）．だれが学力を獲得するのか　耳塚寛明・牧野カツコ（編）お茶の水女子大学21世紀COEプログラム　誕生から死までの人間発達科学　第4巻　学力とトランジッションの危機―閉ざされた大人への道（pp.3-23）　金子書房
耳塚寛明（2008）．学力達成の構造―JELS2003とJELS2006の比較を中心に―　JELS（お茶の水女子大学），*11*，105-121．
三隅二不二・阿久根求（1971）．両親の指導性が児童の学業成績，テスト不安と適応性に及ぼす効果　教育・社会心理学研究，*10*，157-168．
三浦麻子（2006）．因果関係をモデリングする―共分散構造分析　吉田寿夫（編）　心理学の新しいかたち　第3巻　心理学研究法の新しいかたち（pp.85-113）　誠信書房
宮本友弘・倉元直樹（2014）．小学校6年間の学業成績の変動パターンの分析―ある小学校における縦断的研究―　日本テスト学会第12回大会発表論文抄録集，168-169．
宮本友弘・倉元直樹（2015）．小学校6年間におけるオーバーアチーバーとアンダーアチーバーの変動パターンの分析　日本テスト学会第13回大会発表論文抄録集，34-35．
宮本友弘・相良順子・倉元直樹（2015a）．小学校6年間の学業成績の構造―ある小学校の縦断的データから―　児童学研究（聖徳大学児童学研究所紀要），*17*，19-23．
宮本友弘・相良順子・倉元直樹（2015b）．小学校高学年の学習コンピテンスの規定要因―3年間の縦断的データから―　日本教育心理学会第57回総会発表論文集，467．
宮本友弘・山際勇一郎・田中　敏（1991）．要因計画の分散分析において単純主効果検定に使用する誤差項の選択について　心理学研究，*62*，207-211．
水越敏行（2000）．学力論　日本教育工学会（編）　教育工学事典（pp.103-105）　実教出版
水越敏行・山崎　豊・卯野隆二・太田雅夫・水谷宗行・日野林俊彦・嶋田博行・土谷彰克・藤田恵璽（1980）．小学校高学年における心身発達状況と学校教育への適応について（その2）　教育工学研究（金沢大学教育学部附属教育実践研究指導センター），*6*，29-51．

文部科学省（2017）．子供の学習費調査　政府統計の総合窓口（e-Stat）
　　https://www.e-stat.go.jp/stat-search/files?page=1&toukei=00400201&tstat=
　　000001012023（2018年9月30日）
諸田裕子（2004）．「学習遅滞」と「学習速進」はどこで起こっているか　苅谷剛彦・
　　志水宏吉（編）　学力の社会学調査が示す学力の変化と学習の課題（pp.37-56）
　　岩波書店
中島　力（1966）．知能の発達に関する追跡的研究(2)―知能と学力との相関―　日本心
　　理学会第30回大会発表論文集，231．
中島　力（1968）．小・中学校9年間の知能検査成績の推移　立教大学心理学科研究年
　　報，*11*，20-33．
Nakajima, T. (1969). Stability and change of standard achievement test scores in
　　primary school children. *The Tohoku Journal of Educational Psychology, 2,* 69-
　　77.
中島ゆり（2012）．東北地方一市における学力の経年変化とその規定要因　JELS（お
　　茶の水女子大学），*15*，7-15．
中村政夫（1964）．学童におけるOver-Achieversの人格的特性について　教育心理
　　学研究，*12*，166-176，191-192．
中山勘次郎（1992）．子どもに対する母親の期待とその発達的傾向　上越教育大学研
　　究紀要，*11*，1-12．
日本テスト学会（編）（2007）．テスト・スタンダード　日本のテストの将来に向けて
　　金子書房
日本テスト学会（編）（2010）．見直そう，テストを支える基本の技術と教育　金子書
　　房
西村多久磨・河村茂雄・櫻井茂男（2011）．自律的な学習動機づけとメタ認知的方略
　　が学業成績を予測するプロセス―内発的な学習動機づけは学業成績を予測するこ
　　とができるのか？―　教育心理学研究，*59*，77-87．
岡林秀樹（2006）．発達研究における問題点と縦断データの解析方法　パーソナリ
　　ティ研究，*15*，76-86．
岡田　涼（2010）．小学生から大学生における学習動機づけの構造的変化―動機づけ概
　　念間の関連性についてのメタ分析―　教育心理学研究，*58*，414-425．
岡本夏木（1985）．ことばと発達　岩波書店
岡本夏木（1987）．つまずきとゆらぎ　東　洋・稲垣忠彦・岡本夏木・佐伯　胖・波多
　　野誼余夫・堀尾輝久・山住正己（編）岩波講座　教育の方法2　学ぶことと子ど

もの発達 (pp.110-144)　岩波書店

大西俊江・上田順一 (1968). テスト不安の教育心理学的研究Ⅲ―Over-achiever, Balanced-achiever, Under-achieverの比較―　島根大学教育学部紀要, *2*, 14-23.

Piaget, J. (1970). *L'épistémologie génétique*. Paris: Presses Universitaires de France. (ピアジェ, J.　滝沢武久（訳）(1972). 発生的認識論　白水社)

相良順子・都築忠義・宮本友弘・家近早苗 (2014). 小学校高学年の学力とコンピテンスおよびパーソナリティとの関連　児童学研究（聖徳大学児童学研究所紀要）, *16*, 7-10.

桜井茂男 (1983). 認知されたコンピテンス測定尺度（日本語版）の作成　教育心理学研究, *31*, 245-249.

桜井茂男 (1985). 児童のコンピテンスと学業成績について　相談学研究, *18*, 17-23.

桜井茂男 (1992). 小学校高学年生における自己意識の検討　実験社会心理学研究, *32*, 85-94.

櫻井茂男・大内晶子・及川千都子 (2009). 自ら学ぶ意欲の測定とプロセスモデルの検討　筑波大学心理学研究, *38*, 61-71.

佐藤　純・新井邦二郎 (1998). 学習方略の使用と達成目標及び原因帰属との関係　筑波大学心理学研究, *20*, 115-124.

佐藤　純 (2002). 小学生における学習方略使用と学業成績の関係　筑波大学発達臨床心理学研究, *14*, 61-67.

佐藤　純 (2004). 学習方略に関する因果モデルの検討　日本教育工学雑誌, *28* (Suppl.), 29-32.

清水利信 (1978). 学力構造の心理学　金子書房

篠原　優 (1957). 数的能力の規定要因について　教育心理学研究, *4*, 195-198, 248.

曽我祥子 (1999). 小学生用5因子性格検査（FFPC）の標準化　心理学研究, *70*, 346-351.

杉村　健 (1982). 小学生における学習意欲，知能および学業成績　奈良教育大学教育研究所紀要, *18*, 101-108.

田上不二夫・桜井茂男 (1984). Harterによる内発的－外発的動機づけ尺度の日本語版の検討　信州大学教育学部紀要, *51*, 47-58.

田上不二夫・桜井茂男 (1985). 児童・生徒の内発的動機づけと学業成績の関係　信州大学教育学部紀要, *53*, 1-8.

高橋省己・津留 宏・富本佳郎・芳賀 純・瀧上凱令（1971）．パースナリティ発達の縦断的研究(2)―両年度間の諸測定値の関連の検討― 神戸大学教育学部研究集録，*45*，1-30．

高橋雄介（2015）．時間を含むデータをどう分析するか？―人の変化・発達を捉える統計― 子ども発達臨床研究，*7*，63-92．

竹村明子・小林 稔（2008）．小学生における親子関係と学習への動機づけの相関分析 琉球大学教育学部紀要，*73*，215-224．

玉井航太・藤田英典（2017）．エビデンスに基づく教育のための縦断データの解析方法 教育研究（国際基督教大学），*59*，5-16．

田中耕治（2004）．学力論争 日本教育方法学会（編） 現代教育方法事典（p.297）図書文化

丹藤 進（1989）．学業成績の発達に関する縦断的研究(2)―小学校2年生から6年生まで― 弘前大学教育部教科教育研究紀要，*10*，35-42．

丹藤 進（1992）．学業成績の発達に関する縦断的研究(4)―僻地児童の5年間の追跡― 弘前大学教育部教科教育研究紀要，*15*，59-68．

辰野千壽（1997）．学習方略の心理学―賢い学習者の育て方― 図書文化

外山美樹（2004）．中学生の学業成績と学業コンピテンスの関係に及ぼす友人の影響 心理学研究，*75*，246-253．

豊田秀樹（編）（2003）．統計ライブラリー 共分散構造分析［疑問編］―構造方程式モデリング― 朝倉書店

豊田弘司（2008）．学業成績の規定要因における発達的変化 教育実践総合センター研究紀要（奈良教育大学教育学部附属教育実践総合センター），*17*，15-21．

豊田弘司・森本里香（2001）．子どもにおける学習方略と学業成績の関係 教育実践総合センター研究紀要（奈良教育大学教育学部附属教育実践総合センター），*10*，1-5．

都築忠義・相良順子・宮本友弘・家近早苗・松山武士・佐藤幸雄（2013）．児童期における知能と学力の変動パターンの検討―国語と算数に着目して― 聖徳大学研究紀要，*23*，31-37．

都築忠義・相良順子・宮本友弘・家近早苗・松山武士・佐藤幸雄（2014）．児童期における知能と学力の変動パターンの検討(2)―オーバーアチーバー，アンダーアチーバーに着目して― 聖徳大学研究紀要，*24*，41-45．

上田敏見・中野正春（1971）．Over-achiever, under-achiever のパースナリティに関する一研究 奈良教育大学紀要 人文・社会科学，*20*，149-158．

宇佐美慧・荘島宏二郎（2015）．発達心理学のための統計学―縦断データの分析　誠信書房
臼井博（2014）．小学校から中学校への学校間移行の学校適応と学習動機に対する影響(4)：学習方略・学習観・友人観に対する予測要因の縦断的研究　札幌学院大学人文学会紀要, 95, 69-82.
渡辺弥生（2011）．子どもの「10歳の壁」とは何か？　乗り越えるための発達心理学　光文社
渡部雪子・新井邦二郎（2008a）．親の期待研究の動向と展望　筑波大学心理学研究, 36, 75-83.
渡部雪子・新井邦二郎（2008b）．大学生が捉えた親の期待に関する検討―学校段階比較を中心として―　日本教育心理学会第50回総会発表論文集, 522.
White, R. W. (1959). Motivation reconsidered: The concept of competence. *Psychological Review, 66,* 297-333.
山田文康（1990）．共通第1次学力試験の5教科得点に基づく学力型の分析　大学入試センター研究紀要, 19, 1-45.
山際勇一郎・服部環（2016）．文系のためのSPSSデータ解析　ナカニシヤ出版
山崎博敏（2013）．小学校4年から中学校2年までの児童生徒の学力の変化～3時点の学力調査データを連結したパネル分析の試み～　中央調査報, 674, 5921-5925.
Zimmerman, B. J. (2004). Sociocultural influence and students' development of academic self-regulation: A social-cultural perspective. In D. M. McInerney & S. V. Etten (Eds.), *Big theories revisited* (pp.139-164). Greenwich, CO: Information Age Publishing.

付　　記

　本書は，平成28年（2016年）9月に東北大学より博士（教育情報学）の学位を授与された学位論文「児童期における学力の発達的変化と規定要因に関する縦断的研究」に加筆修正をしたものである。

*

　本研究をまとめるにあたり，多くの方々にお世話になりました。

　指導教員である東北大学教授・倉元直樹先生には，ご指導・ご鞭撻をいただきました。倉元先生との出会いは約20年前になりますが，その時以来，研究面だけでなくいろいろな場面で助けていただきました。そして，博士学位の取得に焦りながらもままならない状況が続く中，それを打開すべく機会を与えていただきました。

　筆者が筑波大学大学院の学生であった頃，指導教員であった筑波大学名誉教授・福沢周亮先生には，長い間，ご心配をおかけいたしました。本研究には，先生からご指導を受けた教育心理学の神髄が息づいていると確信しております。

　信州大学教授・田中敏先生には，私がこの道を志すきっかけを与えていただきました。そして，研究とは何か，研究者とは何かについての薫陶を受けました。私の研究者としての原点であり，そして今なお，先生の言葉を反芻しております。

　聖徳大学に在職時，同僚の都築忠義先生（当時，聖徳大学教授），相良順子先生（聖徳大学教授）には，本研究の土台となるプロジェクトを一緒に立ち上げていただきました。職務に忙殺される中，博士論文をまとめるモチベーションを高めることができました。

　大学生の頃からの友人である東京家政大学教授・平山祐一郎氏には，絶え

ず温かい励ましと有益な助言をいただきました。

　詳しく校名を挙げることはできませんが，研究に協力してくださいました小学校の先生方，そして児童のみなさんに御礼申し上げます。

　最後に，苦楽を共にした倉元研究室の仲間たち，50歳を目前にして大学院に進学した私の挑戦を心から応援してくれた聖徳大学・大学院の教え子たち，そして，陰ながらずっと支えてくれた家族に感謝いたします。

　なお，本書を刊行するにあたっては，独立行政法人日本学術振興会平成30年度科学研究費助成事業（科学研究費補助金）（研究成果公開促進費）（課題番号18HP5193）の交付を受けました。出版にあたり株式会社風間書房の風間敬子氏，斉藤宗親氏にたいへんお世話になりました。ここに御礼申し上げます。

　　平成30年10月

　　　　　　　　　　　　　　　　　　　　　　　　　　　　宮本友弘

付　録

付録1　調査で使用した質問紙
①4年生用

◆アンケートのお願い（4年生用）◆

　このアンケートは、あなたが自分のことをどう思っているかについてお聞きするものです。ご協力くださいますようお願いいたします。
　学校の成績にはまったく関係ありません。だれが何を書いたかを発表することも絶対にありませんので、正直な気持ちを書いてください。

※がくねん、クラス、なまえを書いてください。

　（　　　　）年（　　　　）クラス

　なまえ（　　　　　　　　　　　　　　）

先生の合図があるまで、静かにまっててください。
表紙をめくらないでください。

Ⅰ. ふだんのあなたのことをたずねたしつもんが、1-40 まで、ならんでいます。そのしつもんを1つづつ読んで、書かれていることがあなたにあてはまるときには、「はい」のところに〇を、あてはまらないときには、「いいえ」のところに〇を、どちらともいえない時には、「？」のところに〇をつけてください。

（例）

		いいえ	？	はい
1	テレビを見るのが すきだ	〇		
2	夜は9時までに ねるようにしている		〇	
3	私は、さむがりな方だと思う			〇

		いいえ	？	はい
1	こころからたよりにできる友だちがすくない			
2	自分をつまらない人間だと思う			
3	だれも私の話をよく聞いてくれない			
4	人から冷たい人間だと思われている			
5	気に入らないことが多い			
6	人はみんな自分さえ良ければと思っている			
7	だれとでも仲良くなれる			
8	まわりに親切な人が多い			
9	なんでも一生けんめいにとりくむ方だ			
10	会や集まりのとき人よりすすんで働く			
11	きめられた仕事は責任を持ってやりとおす			
12	計画を立てて勉強している			
13	仕事をするのがはやい方だ			
14	やくそくはきちんと守る			
15	リーダーに選ばれることが多い			
16	自分の気持ちをたいせつにする			
17	失敗しないかといつも心配だ			
18	まちがいをしないかと、気になる			

		いいえ	?	はい
19	ちょっとしたことをくよくよと気にする			
20	人から見られているとおちつかない			
21	なかなか決心がつかない			
22	はずかしがりやである			
23	なにをしても、うまくいかないような気がする			
24	人のすることが気になる			
25	ぼんやりいろいろなことを考えるのが楽しい			
26	よく空想にふける			
27	できそうにもないことをぼんやり考えることがある			
28	わけのわからないものにきょうみを持つ			
29	時々ぽかんとしている			
30	別世界に行ってみたい			
31	あれこれ考えすぎて何もできないことがある			
32	私には自分も知らない一面があると思う			
33	目だちたがりやである			
34	じっとしているのがきらいだ			
35	気が短い			
36	いたずらされるとだまっていられない			
37	よく考えずになんでもやってしまう			
38	冗談を言ったりふざけたりすることはあまりない			
39	あまりかっとならない			
40	おとなしい方だ			

Ⅱ. あなたの親は、あなたのことをどう思っていますか。また、それにたいしてどう感じますか。もっともあてはまるものに○をつけてください。

まず、親としてだれを思い浮かべますか。○をひとつつけてください。

1. お父さん　2. お母さん　3. その他のひと

1	親は私によい中学に入ってほしいと思っている
	1. わからない　2. どちらともいえない　3. どちらかといえばそうだ　4. そうだ　5. とてもそうだ

そのことをどう感じますか？

	わからない	「いいえ」	どちらかといえば「いいえ」	どちらかといえば「はい」	「はい」
うれしい	0	1	2	3	4
苦しい	0	1	2	3	4
いやになる	0	1	2	3	4
がんばろうと思う	0	1	2	3	4

2	親は私にえらくなってほしいと思っている
	1. わからない　2. どちらともいえない　3. どちらかといえばそうだ　4. そうだ　5. とてもそうだ

そのことをどう感じますか？

	わからない	「いいえ」	どちらかといえば「いいえ」	どちらかといえば「はい」	「はい」
うれしい	0	1	2	3	4
苦しい	0	1	2	3	4
いやになる	0	1	2	3	4
がんばろうと思う	0	1	2	3	4

3	親は私によい成績をとってほしいと思っている
	1. わからない 2. どちらともいえない 3. どちらかといえばそうだ 4. そうだ 5. とてもそうだ

そのことをどう感じますか？

	わからない	「いいえ」	どちらかといえば「いいえ」	どちらかといえば「はい」	「はい」
うれしい	0	1	2	3	4
苦しい	0	1	2	3	4
いやになる	0	1	2	3	4
がんばろうと思う	0	1	2	3	4

ご協力ありがとうございました。

②5・6年生用

◆アンケートのお願い（5、6年生用）◆

　このアンケートは、あなたが自分のことをどう思っているかについてお聞きするものです。ご協力くださいますようお願いいたします。
　学校の成績にはまったく関係ありません。だれが何を書いたかを発表することも絶対にありませんので、正直な気持ちを書いてください。

※がくねん、クラス、なまえを書いてください。

（　　　　）年（　　　　）クラス

なまえ（　　　　　　　　　　　　　　　）

先生の合図があるまで、静かにまっててください。
表紙をめくらないでください。

Ⅰ．あなたは、勉強をするとき、つぎのことをやっていますか。あてはまるところに○をつけてください。

	まったくやらない	あまりやらない	どちらともいえない	すこしやる	とてもやる
勉強するときは、さいしょに計画を立ててからはじめる	1	2	3	4	5
勉強するときは、参考書や事典などがすぐ使えるように準備しておく	1	2	3	4	5
勉強をしているときに、やっていることが正しくできているかどうかをたしかめる	1	2	3	4	5
勉強する前に、勉強に必要な本などを用意してから勉強するようにしている	1	2	3	4	5
勉強するときは、自分できめた計画にそっておこなう	1	2	3	4	5
勉強していて大切だと思ったところは、言われなくてもノートにまとめる	1	2	3	4	5
勉強しているとき、たまに止まって、一度やったところを見なおす	1	2	3	4	5
勉強で大切なところは、くり返して書いたりしておぼえる	1	2	3	4	5
勉強を始める前に、これから何をどうやって勉強するかを考える	1	2	3	4	5
勉強していてまちがえたところは、しるしをつけておいて後で見なおす	1	2	3	4	5
勉強しているときは、内容が分かっているかどうかをたしかめながら勉強する	1	2	3	4	5
勉強で大切なところは、くりかえし声に出しておぼえる	1	2	3	4	5

Ⅱ．あなたの親は、あなたのことをどう思っていますか。また、それにたいしてどう感じますか。もっともあてはまるものに〇をつけてください。

まず、親としてだれを思い浮かべますか。〇をひとつつけてください。

1．お父さん　2．お母さん　3．その他のひと

1	親は私によい中学に入ってほしいと思っている
	1．わからない　2．どちらともいえない　3．どちらかといえばそうだ　4．そうだ　5．とてもそうだ

そのことをどう感じますか？

	わからない	「いいえ」	どちらかといえば「いいえ」	どちらかといえば「はい」	「はい」
うれしい	0	1	2	3	4
苦しい	0	1	2	3	4
いやになる	0	1	2	3	4
がんばろうと思う	0	1	2	3	4

2	親は私にえらくなってほしいと思っている
	1．わからない　2．どちらともいえない　3．どちらかといえばそうだ　4．そうだ　5．とてもそうだ

そのことをどう感じますか？

	わからない	「いいえ」	どちらかといえば「いいえ」	どちらかといえば「はい」	「はい」
うれしい	0	1	2	3	4
苦しい	0	1	2	3	4
いやになる	0	1	2	3	4
がんばろうと思う	0	1	2	3	4

次のページに続きます。

3	親は私によい成績をとってほしいと思っている
	1. わからない 2. どちらともいえない 3. どちらかといえばそうだ 4. そうだ 5. とてもそうだ

そのことをどう感じますか？

	わからない	「いいえ」	どちらかといえば「いいえ」	どちらかといえば「はい」	「はい」
うれしい	0	1	2	3	4
苦しい	0	1	2	3	4
いやになる	0	1	2	3	4
がんばろうと思う	0	1	2	3	4

ご協力ありがとうございました。

③全学年用

♣アンケートのお願い♣

　このアンケートは、あなたのふだんの生活の事、好きなことやとくいな事、また、あなたが自分のことをどう思っているかについてお聞きするものです。ご協力くださいますようお願いいたします。
　学校の成績にはまったく関係ありません。だれが何を書いたかを発表することも絶対にありませんので、正直な気持ちを書いてください。

※がくねん、クラス、なまえを書いてください。

（　　　　）年（　　　　）クラス

なまえ（　　　　　　　　　　　　　　　　）

先生の合図があるまで、静かにまっててください。

表紙をめくらないでください。

Ⅰ．あなたが**とくいな事**はなんですか。当てはまるところに○をつけてください。

文章を書いたり読んだりすること	とくい	ふつう	あまりとくいでない
歌ったり、楽器をひいたりすること	とくい	ふつう	あまりとくいでない
計算	とくい	ふつう	あまりとくいでない
おり紙	とくい	ふつう	あまりとくいでない
アクセサリーや小物をつくったりすること	とくい	ふつう	あまりとくいでない
工作（機械いじりやプラモデルをつくったりする）	とくい	ふつう	あまりとくいでない
パソコン	とくい	ふつう	あまりとくいでない
まんがや絵を描くこと	とくい	ふつう	あまりとくいでない
しょうぎ	とくい	ふつう	あまりとくいでない
習字	とくい	ふつう	あまりとくいでない
料理	とくい	ふつう	あまりとくいでない
虫とりや虫を集めること	とくい	ふつう	あまりとくいでない
ドッジボール	とくい	ふつう	あまりとくいでない
かけっこ	とくい	ふつう	あまりとくいでない
鉄ぼう	とくい	ふつう	あまりとくいでない
テレビゲーム（DSなどもふくめる）	とくい	ふつう	あまりとくいでない
おしゃれをすること	とくい	ふつう	あまりとくいでない

その他に何かとくいな事があったら、書いてください。

Ⅱ．次の（1）～（28）までのしつもんにたいして、**いつもの自分にいちばんよく合う答え**を、ひとつだけえらんで、○をつけてください。

	「はい」	どちらかといえば「はい」	どちらかといえば「いいえ」	「いいえ」
(1) 勉強は、クラスの中で、できる方ですか	4	3	2	1
(2) 友だちは、たくさんいますか	4	3	2	1
(3) 自分に、自信がありますか	4	3	2	1
(4) 勉強は、にがてですか	4	3	2	1
(5) クラスの中では、にんきものだと思いますか	4	3	2	1
(6) たいていのことは、人よりうまくできると思いますか	4	3	2	1
(7) 頭は、よい方だと思いますか	4	3	2	1
(8) 友だちに、よくいじわるをされますか	4	3	2	1
(9) 自分には、人にじまんできるところがたくさんあると思いますか	4	3	2	1

次のページにつづきます

(10)せいせきは、悪い方だと思いますか	4	3	2	1
(11)自分が学校を休んでも、みんなは、あまりしんぱいしてくれないだろうと思いますか	4	3	2	1
(12)何をやってもうまくいかないような気がしますか	4	3	2	1
(13)宿題は、みじかい時間でやり終えることができますか	4	3	2	1
(14)あたらしい友だちをつくるのは、かんたんですか	4	3	2	1
(15)今の自分に、まんぞくしていますか	4	3	2	1
(16)じゅぎょうが、よくわかりますか	4	3	2	1
(17)友だちは、よくあそびにさそってくれますか	4	3	2	1
(18)自分はきっと、えらい人になれると思いますか	4	3	2	1
(19)先生のしつもんには、答えられないことが多いですか	4	3	2	1
(20)クラスの中で、自分は、いなくてはならない人だと思いますか	4	3	2	1
(21)自分は、あまり役に立たない人間だと思いますか	4	3	2	1
(22)むずかしい問題にも、ちょうせんしてみますか	4	3	2	1
(23)友だちには、すかれていると思いますか	4	3	2	1
(24)自分の意見は、自信をもって言えますか	4	3	2	1
(25)テストでは、たいてい良いせいせきを取れますか	4	3	2	1
(26)クラスの人は、あまり自分をあいてにしてくれないですか	4	3	2	1
(27)自分には、あまりいいところがないと思いますか	4	3	2	1
(28)じゅぎょう中、自分の意見を、自信を持って、発表できますか	4	3	2	1
(29)もし、転校することになったら、クラスの人は、かなしんでくれると思いますか	4	3	2	1
(30)しっぱいをするのではないかと、いつもしんぱいですか	4	3	2	1

Ⅲ. **あなたは、なぜ勉強をするのですか。**次のあげた理由が、どれくらいあてはまるか〇をつけてください。

	あてはまる	少しあてはまる	あまりあてはまらない	あてはまらない
(1)勉強をすると楽しい気持ちになるから	4	3	2	1
(2)勉強をすることは大切なことだから	4	3	2	1
(3)みんなに「頭が良い」と思われたいから	4	3	2	1
(4)先生にうるさく言われたくないから	4	3	2	1
(5)勉強がおもしろいから	4	3	2	1
(6)もっと勉強ができるようになりたいから	4	3	2	1
(7)成績が悪いと恥ずかしいから	4	3	2	1
(8)親に怒られたくないから	4	3	2	1
(9)新しい問題に挑戦するのがおもしろいから	4	3	2	1
(10)将来の役にたつから	4	3	2	1
(11)わからない事が多いと恥ずかしいから	4	3	2	1
(12)親が「やれ」と言うから	4	3	2	1
(13)いろいろな事を知りたいから	4	3	2	1
(14)自分のためになるから	4	3	2	1
(15)やらなきゃならない事だから	4	3	2	1
(16)勉強をすると先生や親にほめられるから	4	3	2	1

Ⅳ. **勉強のことで今まででいちばんうれしかったことはなんですか。それは何年生のときのことですか。**
例)「3年生のとき、算数のテストで100点をとって親にほめられたこと」

(　　　　)年生のとき

Ⅴ. あなたは学習塾に通っていますか(通っていましたか)。〇をつけてください。

　　　　1. はい　　　 2. いいえ

Ⅵ. あなたは家庭教師に勉強を習っていますか(習っていましたか)。〇をつけてください。

　　　　1. はい　　　 2. いいえ

　　　　　　　　ここで、おわりです。ご協力ありがとうございました。

付録2 3.1における学年要因の単純主効果検定と多重比較の結果

付表2-1 算数の結果

入学年度	F		多重比較の結果 ($MSe=25.71$, $p<.05$)				
			2年	3年	4年	5年	6年
2000	15.32**	1年	=	=	=	<	=
		2年		<	<	<	=
		3年			=	=	=
		4年				=	=
		5年					=
2001	6.04**	1年	=	=	=	=	=
		2年		=	=	=	<
		3年			=	=	=
		4年				=	=
		5年					=
2002	11.17**	1年	=	=	=	<	=
		2年		=	<	<	<
		3年			=	<	<
		4年				<	=
		5年					>
2003	6.46**	1年	=	=	=	<	=
		2年		=	=	<	=
		3年			=	<	=
		4年				<	=
		5年					=
2004	8.36**	1年	=	=	=	<	=
		2年		=	=	<	=
		3年			=	<	=
		4年				<	=
		5年					>
2005	6.32**	1年	>	=	=	<	=
		2年		<	<	<	<
		3年			=	<	<
		4年				=	=
		5年					=
2006	9.74**	1年	=	=	=	<	=
		2年		=	<	<	=
		3年			=	<	=
		4年				<	>
		5年					>
2007	5.11**	1年	=	=	<	<	=
		2年		=	<	<	=
		3年			<	<	=
		4年				=	>
		5年					>
2008	3.41**	1年	=	=	=	=	>
		2年		=	=	<	=
		3年			=	=	=
		4年				<	=
		5年					>
2009	3.92**	1年	=	=	<	=	=
		2年		<	<	<	=
		3年			=	=	=
		4年				=	>
		5年					>

**$p<.01$

付表2-2　国語の結果

入学年度	F		多重比較の結果 ($MSe=17.15$, $p<.05$)				
			2年	3年	4年	5年	6年
2000	14.00**	1年	=	>	=	=	=
		2年		=	<	<	<
		3年			<	<	<
		4年				=	=
		5年					=
2001	4.34**	1年	=	=	=	=	=
		2年		=	=	=	=
		3年			=	=	=
		4年				=	=
		5年					=
2002	9.32**	1年	<	=	<	<	<
		2年		=	=	=	<
		3年			<	<	<
		4年				=	<
		5年					<
2003	7.55**	1年	=	=	=	=	<
		2年		=	=	=	<
		3年			=	=	<
		4年				=	<
		5年					=
2004	1.74	1年	=	=	=	=	=
		2年		=	=	=	=
		3年			=	=	=
		4年				=	=
		5年					=
2005	5.30**	1年	=	>	=	>	=
		2年		=	<	=	<
		3年			<	=	<
		4年				>	=
		5年					<
2006	2.58**	1年	=	>	=	=	=
		2年		=	=	=	<
		3年			=	=	<
		4年				=	=
		5年					=
2007	3.30**	1年	=	=	<	=	<
		2年		=	<	=	<
		3年			<	=	<
		4年				=	=
		5年					=
2008	4.02**	1年	=	=	<	=	=
		2年		=	<	=	=
		3年			<	=	<
		4年				>	=
		5年					=
2009	4.22**	1年	=	<	<	=	=
		2年		=	<	=	=
		3年			=	=	=
		4年				>	>
		5年					=

**$p<.01$

付録3　4.1の各重回帰分析における多重共線性の確認

(1) 各学年の学力偏差値を従属変数，同学年の知能偏差値，前学年の学力偏差値を独立変数にした重回帰分析

付表3-1　独立変数間の相関

2年	3年	4年	5年	6年
.523**	.676**	.772**	.764**	.783**

**$p<.01$

付表3-2　各独立変数のVIF

	2年	3年	4年	5年	6年
同学年の知能偏差値	1.38	1.84	2.48	2.40	2.58
前学年の学力偏差値	1.38	1.84	2.48	2.40	2.58

(2) 各学年の知能偏差値を従属変数，前学年の知能偏差値，学力偏差値を独立変数にした重回帰分析

付表3-3　独立変数間の相関

2年	3年	4年	5年	6年
.539**	.492**	.734**	.746**	.791**

**$p<.01$

付表3-4　各独立変数のVIF

	2年	3年	4年	5年	6年
前学年の知能偏差値	1.41	1.32	2.17	2.26	2.68
前学年の学力偏差値	1.41	1.32	2.17	2.26	2.68

付録4　4.2で使用した小学生用5因子性格検査（FFPC）の信頼性

付表4-1　小学生用5因子性格検査（FFPC）の下位因子ごとのI-T相関及びα係数

因子	項目	I-T 相関	α 係数
協調性	1．こころからたよりにできる友だちがすくない*	.553	.773
	2．自分をつまらない人間だと思う*	.452	
	3．だれも私の話をよく聞いてくれない*	.598	
	4．人から冷たい人間だと思われている*	.549	
	5．気に入らないことが多い*	.477	
	6．人はみんな自分さえ良ければと思っている*	.348	
	7．だれとでも仲良くなれる	.447	
	8．まわりに親切な人が多い	.415	
統制性	9．なんでも一生けんめいにとりくむ方だ	.532	.733
	10．会や集まりのとき人よりすすんで働く	.522	
	11．きめられた仕事は責任を持ってやりとおす	.518	
	12．計画を立てて勉強している	.309	
	13．仕事をするのがはやい方だ	.384	
	14．やくそくはきちんと守る	.391	
	15．リーダーに選ばれることが多い	.395	
	16．自分の気持ちをたいせつにする	.389	
情緒性	17．失敗しないかといつも心配だ	.565	.761
	18．まちがいをしないかと，気になる	.491	
	19．ちょっとしたことをくよくよと気にする	.472	
	20．人から見られているとおちつかない	.448	
	21．なかなか決心がつかない	.470	
	22．はずかしがりやである	.438	
	23．なにをしても，うまくいかないような気がする	.474	
	24．人のすることが気になる	.305	
開放性	25．ぼんやりいろいろなことを考えるのが楽しい	.580	.767
	26．よく空想にふける	.543	
	27．できそうにもないことをぼんやり考えることがある	.549	
	28．わけのわからないものにきょうみを持つ	.417	
	29．時々ぽかんとしている	.463	
	30．別世界に行ってみたい	.424	
	31．あれこれ考えすぎて何もできないことがある	.388	
	32．私には自分も知らない一面があると思う	.370	
外向性	33．目だちたがりやである	.261	.663
	34．じっとしているのがきらいだ	.399	
	35．気が短い	.361	
	36．いたずらされるとだまっていられない	.339	
	37．よく考えずになんでもやってしまう	.337	
	38．冗談を言ったりふざけたりすることはあまりない*	.330	
	39．あまりかっとならない*	.389	
	40．おとなしい方だ*	.422	

注）I-T相関はすべて1％水準で有意。
*逆転項目

付録5　4.3で使用した自己決定性尺度の信頼性

付表5-1　学年別の自己決定性尺度の下位因子ごとのI-T相関及びα係数

因子	項目	4年 I-T相関	4年 α係数	5年 I-T相関	5年 α係数	6年 I-T相関	6年 α係数
内発調整	(1)勉強をすると楽しい気持ちになるから	.730	.838	.740	.871	.739	.877
	(5)勉強がおもしろいから	.746		.820		.788	
	(9)新しい問題に挑戦するのがおもしろいから	.705		.700		.732	
	(13)いろいろな事を知りたいから	.513		.648		.689	
同一化調整	(2)勉強をすることは大切なことだから	.665	.842	.661	.839	.750	.872
	(6)もっと勉強ができるようになりたいから	.627		.655		.708	
	(10)将来の役にたつから	.742		.646		.664	
	(14)自分のためになるから	.693		.747		.791	
取入調整	(3)みんなに「頭が良い」と思われたいから	.298	.705	.403	.737	.318	.731
	(7)成績が悪いと恥ずかしいから	.642	除外後	.668	除外後	.688	除外後
	(11)わからない事が多いと恥ずかしいから	.588	.746	.642	.741	.592	.769
	(15)やらなきゃならない事だから	.454		.417		.503	
外的調整	(4)先生にうるさく言われたくないから	.537	.667	.394	.670	.503	.693
	(8)親に怒られたくないから	.610	除外後	.616	除外後	.650	除外後
	(12)親が「やれ」と言うから	.475	.749	.535	.709	.556	.767
	(16)勉強をすると先生や親にほめられるから	.215		.284		.230	

注）I-T相関はすべて1％水準で有意。取入調整では項目(3)を除外した。外的調整では項目(16)を除外した。

付録6 4.4で使用した学習コンピテンス尺度の信頼性

付表6-1 学年別の学習コンピテンス尺度のI-T相関及びa係数

項目	4年 I-T相関	4年 a係数	5年 I-T相関	5年 a係数	6年 I-T相関	6年 a係数
(1)勉強は，クラスの中で，できる方ですか	.734	.894	.770	.897	.770	.915
(4)勉強は，にがてですか*	.676		.682		.706	
(7)頭は，よい方だと思いますか	.690		.741		.755	
(10)せいせきは，悪い方だと思いますか*	.644		.688		.684	
(13)宿題は，みじかい時間でやり終えることができますか	.531		.472		.614	
(16)じゅぎょうが，よくわかりますか	.618		.563		.583	
(19)先生のしつもんには，答えられないことが多いですか*	.573		.610		.729	
(22)むずかしい問題にも，ちょうせんしてみますか	.692		.609		.737	
(25)テストでは，たいてい良いせいせきを取れますか	.671		.726		.776	
(28)じゅぎょう中，自分の意見を，自信を持って，発表できますか	.592		.601		.553	

注）I-T相関はすべて1％水準で有意。
*逆転項目

付録7　4.5で使用した学習方略尺度の信頼性

付表7-1　学年別の学習方略尺度のI-T相関及びα係数

因子	項目	5年 I-T相関	5年 α係数	6年 I-T相関	6年 α係数
プランニング方略	勉強するときは，さいしょに計画を立ててからはじめる	.516	.808	.593	.818
	勉強をしているときに，やっていることが正しくできているかどうかをたしかめる	.634		.570	
	勉強するときは，自分できめた計画にそっておこなう	.569		.585	
	勉強しているとき，たまに止まって，一度やったところを見なおす	.486		.489	
	勉強を始める前に，これから何をどうやって勉強するかを考える	.611		.658	
	勉強しているときは，内容が分かっているかどうかをたしかめながら勉強する	.586		.606	
作業方略	勉強するときは，参考書や事典などがすぐ使えるように準備しておく	.618	.816	.605	.796
	勉強する前に，勉強に必要な本などを用意してから勉強するようにしている	.556		.610	
	勉強していて大切だと思ったところは，言われなくてもノートにまとめる	.539		.573	
	勉強で大切なところは，くり返して書いたりしておぼえる	.641		.570	
	勉強していてまちがえたところは，しるしをつけておいて後で見なおす	.566		.573	
	勉強で大切なところは，くりかえし声に出しておぼえる	.554		.378	

注）I-T相関はすべて1％水準で有意。

付録8　5.1の各重回帰分析における多重共線性の確認

(1)学習コンピテンス尺度得点を従属変数，前学年の算数偏差値，国語偏差値を独立変数にした重回帰分析

付表8-1　独立変数間の相関

4年	5年	6年
.766**	.618**	.704**

**$p<.01$

付表8-2　各独立変数のVIF

	4年	5年	6年
算数偏差値	2.42	1.62	1.98
国語偏差値	2.42	1.62	1.98

(2)動機づけの4つの下位尺度得点を従属変数，学習コンピテンス尺度得点，親の期待の受け止め方の2つの下位尺度得点を独立変数にした重回帰分析

付表8-3　独立変数間の相関

		肯定的受け止め	否定的受け止め
4年	学習コンピテンス	.396**	.060
	肯定的受け止め	−	−.090
5年	学習コンピテンス	.450**	−.203
	肯定的受け止め	−	−.102
6年	学習コンピテンス	.262*	−.253*
	肯定的受け止め	−	−.122

*$p<.05$，**$p<.01$

付表8-4　各独立変数のVIF

		内発調整	同一化調整	取入調整	外的調整
4年	学習コンピテンス	1.20	1.20	1.20	1.20
	肯定的受け止め	1.20	1.20	1.20	1.20
	否定的受け止め	1.02	1.02	1.02	1.02
5年	学習コンピテンス	1.29	1.29	1.29	1.29
	肯定的受け止め	1.25	1.25	1.25	1.25
	否定的受け止め	1.04	1.04	1.04	1.04
6年	学習コンピテンス	1.13	1.13		1.13
	肯定的受け止め	1.08	1.08		1.08
	否定的受け止め	1.07	1.07		1.07

(3) 学習方略の2つの下位尺度得点を従属変数，動機づけの4つの下位尺度得点，知能偏差値を独立変数にした重回帰分析

付表8-5　独立変数間の相関

		同一化調整	取入調整	外的調整	知能偏差値
5年	内発調整	.459**	−.173	−.449**	.154
	同一化調整	−	.260*	−.127	.102
	取入調整		−	.482**	−.013
	外的調整			−	−.036
6年	内発調整	.663**	−.034	−.276*	.129
	同一化調整	−	.267*	−.174	.015
	取入調整		−	.442**	−.222*
	外的調整			−	−.046

*$p<.05$, **$p<.01$

付表8-6　各独立変数の VIF

		プランニング方略	作業方略
5年	内発調整	1.63	1.63
	同一化調整	1.51	1.51
	取入調整	1.54	1.54
	外的調整	1.60	1.60
	知能偏差値	1.03	1.03
6年	内発調整	2.00	2.00
	同一化調整	2.19	2.19
	取入調整	1.61	1.61
	外的調整	1.42	1.42
	知能偏差値	1.08	1.08

付録9　5.3の重回帰分析における多重共線性の確認

各学年の算数偏差値，国語偏差値を従属変数，学習コンピテンス，知能偏差値を独立変数にした重回帰分析

付表9-1　独立変数間の相関

4年	5年	6年
.487**	.521**	.281*

*$p<.05$, **$p<.01$

付表9-2　各独立変数のVIF

	4年		5年		6年	
	算数	国語	算数	国語	算数	国語
学習コンピテンス	1.31	1.31	1.35	1.37	1.15	1.15
知能偏差値	1.31	1.31	1.35	1.37	1.15	1.15

著者略歴

宮本　友弘（みやもと　ともひろ）

1966年生まれ
1989年　筑波大学第二学群人間学類卒業
1994年　筑波大学大学院博士課程心理学研究科単位取得満期退学
2016年　東北大学大学院教育情報学教育部修了　博士（教育情報学）
現　在　東北大学高度教養教育・学生支援機構准教授
専　攻　教育心理学

主要著書
『マルチメディアで学ぶ臨床心理面接』（共編著　誠信書房）
『簡単にできるスポーツ・健康データの有意差検定と活用』
（共著　学事出版）
『保育の現場で役立つ心理学　保育所保育指針を読み解く』
（共編著　アイ・ケイ コーポレーション）

児童期の学力の発達に関する縦断的研究

2019年1月31日　初版第1刷発行

著　者　　宮　本　友　弘
発行者　　風　間　敬　子
発行所　　株式会社　風　間　書　房
〒101-0051　東京都千代田区神田神保町1-34
電話 03（3291）5729　FAX 03（3291）5757
振替 00110-5-1853

印刷　藤原印刷　　製本　高地製本所

©2019 Tomohiro Miyamoto　　　　NDC分類：140
ISBN978-4-7599-2269-1　Printed in Japan

JCOPY 〈(社)出版者著作権管理機構 委託出版物〉

本書の無断複製は、著作権法上での例外を除き禁じられています。複製される場合はそのつど事前に(社)出版者著作権管理機構（電話03-5244-5088、FAX 03-5244-5089, e-mail:info@jcopy.or.jp）の許諾を得て下さい。